苦寻巅峰

无情病魔

Michael Jordan

Stephen Curry

Kobe Bryant

天才之殇

直笔体育巨星系列

典藏版

管超 编著

直笔巨献

北京时代华文书局

CONTENTS

天才之殇
NBA赛场上的最大“如果”

勇敢涅槃

巅峰陨落

悲情天才

天才之殇

NBA 赛场上的最大“如果”

伤病是比赛的一部分，却改变了很多球员的一生。
在这个天赋四溢、仅有 450 人可以生存的联盟，
永远不缺乏让人惊叹的球星，
那些让人血脉偾张的速度、力量和准度，
点燃了一个个令人难以忘却的夜晚，
球星们肆意挥洒着天赋，他们看似无所畏惧。
然而伤病却拥有着比球星们更为恐怖的能力，
足以彻底颠覆他们的生涯，毁天灭地，让人扼腕叹息。

努力和天赋造就传奇
健康却是不可忽视的“馈赠”

每名进入NBA的球员，都拥有着细致到尘埃的球探报告。身高、体重、跑跳能力、伤病史、优缺点不一而足，但没有任何一份球探报告能够预测这些天之骄子的“伤病耐性”——没有人知道在他们漫长的职业生涯中，是否会遭遇足以颠覆轨迹的伤病。

NBA的漫漫历史之中，天赋和努力成为球迷最津津乐道的话题。天赋异禀搭配上让人惊叹的努力程度，往往会造就史诗级别的超级巨星，迈克尔·乔丹如此，勒布朗·詹姆斯如此，科比·布莱恩特同样如此。但在天赋和努力的背后，伤病同样是一个不可忽视的主角，这个“残酷”的主角，在NBA的历史长河之中，演绎了太多悲剧。

迈克尔·乔丹两度斩获三连冠，6次总决赛无一败绩，书写了NBA历史灿若星辰的史诗。在这背后，是他面对底特律“坏孩子军团”近乎卑劣的防守手段，仍能保持健康，奋战赛场。马龙绰号“邮差”，搭档斯托克顿组成“犹他双煞”，成为乔丹时代最伟大的挑战者，绵延 20 余载的职业生涯，他保持着恐怖的出勤率。詹姆斯连续 8 年闯入季后赛，有望挑战生涯 4 万分神迹，罕有大伤能够击倒他……

乔丹、马龙、詹姆斯是幸运的，“健康”成为上帝给他们最为宝贵的馈赠，他们璀璨的生涯正是建立在这份馈赠之上。然而这种幸运只属于少部分人，那些未能得到上帝青睐的球星，只能在挣扎之中眼睁睁地看着自己的天赋被无情地收回。

2007年的NBA状元秀格雷格·奥登，曾在NCAA时期被视作天之骄子，力压杜兰特成为无可争议的第1顺位选择，NBA生涯却仅出战105场，频繁的伤病让他早早地泯然众人。2007年的NBA4号秀利文斯顿，身高2.01米的高后卫，潇洒飘逸，拥有着接班“魔术师”的天赋，但几乎断腿的重伤让他的膝盖彻底报废，经历数年的恢复才重返赛场，早已失去巅峰时的风采。昔日国王队当家核心德马库斯·考辛斯，曾一度扛起中锋时代复兴的大旗，以全能姿态搅动联盟三秒区，搭档安东尼·戴维斯组成让诸强闻风丧胆的“联盟双塔”，却接连遭遇跟腱断裂和膝盖重伤，生涯急转直下无人问津……

残酷的伤病写就的悲情故事，绝非短短几千字可以囊括。当一个又一个“鲜活”的天赋，在伤病的璀璨中“逝去”，个中落差冷暖自知。在别人的故事里，这些不走运的球员，不过是摇头叹息的谈资。在他们自己的故事里，伤病却彻底改变了他们的人生，那些他们本可以写就的热血澎湃的生涯，如今只能是“夜阑卧听风吹雨，铁马冰河入梦来”的悲凉。

“夜阑卧听风吹雨，铁马冰河入梦来”

天赋逝去仍有不朽意志
伤病之中见证运动家精神

健康与否，将天赋异禀的球员分成截然相反的两个部分，有些人荣誉等身造就伟大，有些人落入平庸泯然众人。然而这些被伤病摧残到面目全非的天赋之中，依旧有人诠释着运动家精神。身体上的局限让他们再难达到应有的高度，但精神层面的坚韧，却让他们逆天改命，赛场之上仍然能书写着属于自己的光辉。

那个断腿的天才少年后来站了起来，他不再是可以接班“魔术师”的肖恩·利文斯顿，却成为勇士王朝之中最稳定的中投手肖恩·利文斯顿。那个膝盖被彻底摧残的天赋后卫也回来了，他不再是风城MVP罗斯，却成为明尼苏达夜晚轰下50分、感天动地的“不朽玫瑰”。那个带着跟腱断裂伤痛、含泪罚球的伟大后卫也恢复了，他不再是能率领湖人队摧城拔寨的超级分卫，却成为告别战中轰下60分的“传奇曼巴”……

伤病是NBA赛场上的最大“如果”——我们憧憬着这样一个NBA的历史，德里克·罗斯可以肆意飞翔，他的膝盖能永葆健康；科比能不再承受跟腱断裂之苦，即便是生涯末期仍能率湖人队激战豪强；麦克格雷迪、奥登、利文斯顿，能完全兑现自己的天赋，让所有球迷见证到他们极致的巅峰。

然而，人生中最大的悲凉便是“我本可以”。这样的憧憬，只能是球迷脑海中的美好想象。伤病成为赛场之上、历史之中难以规避的悲情组成，现实永远不会是完美的，“如果”永远存在于想象之中。

这就是篮球，这就是生活。

我们痛恨伤病，更惋惜那些被伤病摧残的美好天赋，但这些球员面对伤病的坚韧姿态以及与伤病斗争的历史，同样成为篮球场上最值得铭记的色彩。与那些灿若星辰的名字一样，利文斯顿、奥登同样应该被铭记。

面对巨大落差仍然能坚守自己的梦想，天赋逝去却依靠不竭的精神动力闪耀赛场，他们彰显的运动家精神，成为NBA历史中浓墨重彩的一部分。

Steph
Russell W

勇敢涅槃

毁天灭地的伤病曾经摧毁过他们的身体，
但凭借过人的天赋以及超出常人的意志，
有些人完成勇敢的涅槃。
克服伤病带来的巨大影响，重新塑造自己的生涯。
他们中的代表有

科比·布莱恩特

凯文·杜兰特

斯蒂芬·库里

拉塞尔·威斯布鲁克

保罗·乔治

在这些球员身上，
都曾经出现过毁天灭地的重大伤病，
他们却勇敢地迈过伤病，
成就生涯全新的篇章。

科比·布莱恩特

跟腱断裂仍演曼巴传奇

征战联盟二十载，科比遭遇过的伤病遍布全身、数不胜数。然而这位勇敢的斗士，却在与伤病的斗争中，演绎了一幕幕让人热血沸腾的画面。手指重伤？绑起绷带率领湖人队继续前进！跟腱断裂？艰难起身也要完成罚球。即便是顶着伤病遍布的身体，科比仍然用一场荡气回肠的告别战，演绎了“曼巴传奇”。

科比职业生涯的伤病之多、遍布身体部位之广，绝非短短上千字可以书写。他最让人印象深刻的两次伤病，分

“曼巴传奇”

别来自手指和跟腱。

科比第一次被手指伤病找上门，得追溯到1999-2000赛季。彼时他在季前赛的比赛中第四掌骨骨折，休战15场常规赛。随后的生涯中，科比一直小伤不断，最严重的一次在9年后到来。2007-2008赛季，科比在湖人队对阵篮网队的比赛中右手受伤，当时他被诊断为小拇指韧带撕裂、撕裂性骨折。这些医学名词太过触目惊心，但科比却做出了让人瞠目结舌的选择——他拒绝接受手术和赛季报销，而是将小拇指和无名指用医用布条绑在一起，打完了随后的常规赛和季后赛。梦碎北岸花园之后，科比还参加了奥运会，帮助梦之队重新站上最高的领奖台。

这次任性但又很“科比”的决定，给他的职业生涯带来了不小的影响。一直到他球衣退役仪式上，拥抱“魔术师”的科比，还被摄像机敏锐地捕捉到了已经变形的手指。

2008-2009赛季，屋漏偏逢连夜雨，科比的手指再度受伤。对位詹姆斯的过程中，他的右手无名指严重挫伤，扭曲的角度让人不忍直视。科比再度做出了让所有人都难以置信的决定，他要求队医掰回来——最终，在镜头中我们见证了这位硬汉用怎样轻蔑的态度，对待常人难以承受的伤病。湖人传奇队医加里·维蒂帮助科比掰回了手指，包扎之后他重新上场比赛。

2009-2010赛季，科比又遭遇右手食指的隆突骨折。这次受伤之后，科比的投篮手即右手，小拇指、无名指、食指全部受到过重伤。

凭借其超乎常人的毅力，科比无数次地克服了手指的伤病，甚至带着触目惊心的手指重伤率队杀入总决赛。然而面对毁天灭地的跟腱伤势，强如科比也只能无奈认命。黑曼巴传奇生涯的转折点，正是来自跟腱断裂的重伤，自此他走向了难以扭转的下坡路。

将时钟拨回到2013年3月，彼时洛杉矶湖人队对阵亚特兰大老鹰队比赛的最后时刻，科比后仰跳投出手之后，遭遇邓台·琼斯的垫脚，随即痛苦离场。这次受伤，可谓科比17年生涯最严重的一次脚踝扭伤，然而更大的灾难随之而来。

2012-2013赛季，坐拥四巨头的湖人队并未打出预想中的战绩，反倒是陷入了挣扎之中，季后赛席位岌岌可危。正是这样的窘境，让重伤的科比选择了早早复出，悲剧也就此不可避免。对阵勇士队的比赛中，他在无对抗的情况下突发伤病。科比感受到了自己的跟腱部位有“嘣”的响声，随后便问勇士队的球员是否踢到了他，当得到否定的答案之后，科比的心理已经知晓了残酷伤病的到来。

他遭遇了跟腱断裂的重伤，却仍然坚持执行完两次罚球。他在赛季末段以近乎疯狂的决绝，要将湖人队带入季后赛的行列。最终他如愿以偿，却付出了颠覆生涯的代价。

跟腱重伤之后，科比彻底告别了自己的巅峰，湖人队也迈入了重建的序列。当频繁受伤、排名倒数、日渐挣扎这样的字眼，与科比的名字联系到一起，这是多么的刺眼。随后的两季，科比在膝盖和肩膀伤势的摧残之下，只能草草收场。如果故事的结尾就此写成，科比职业生涯末段的故事，将会聚焦于那次跟腱断裂的悲壮之上。

但他显然不愿意！

驰骋沙场二十载，科比断然不想悲壮收场。于是在退役战之中，那个大伤之前的科比回来了，疯狂出手50次揽下60分，包括末节连续的关键球。

彼时我们仿佛看到了那个桀骜不驯的爆炸头少年，看到了那个掰回手指的湖人核心，看到了不愿认命的紫金领袖。科比以及他所引领的曼巴精神之中，对待伤病的态度成为不可分割的组成部分。跟腱断裂之后带着退役战60分收尾，这样不朽的意志写就了NBA漫漫长河中最传奇的故事之一。

Kobe Bryant

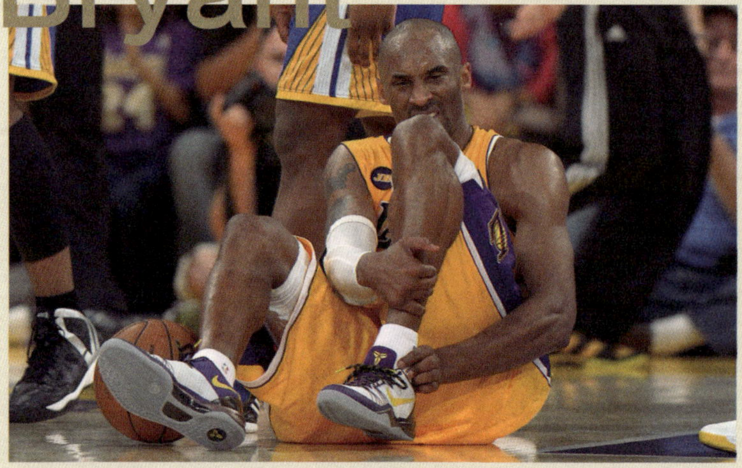

凯文·杜兰特

两度大伤难灭不朽天赋

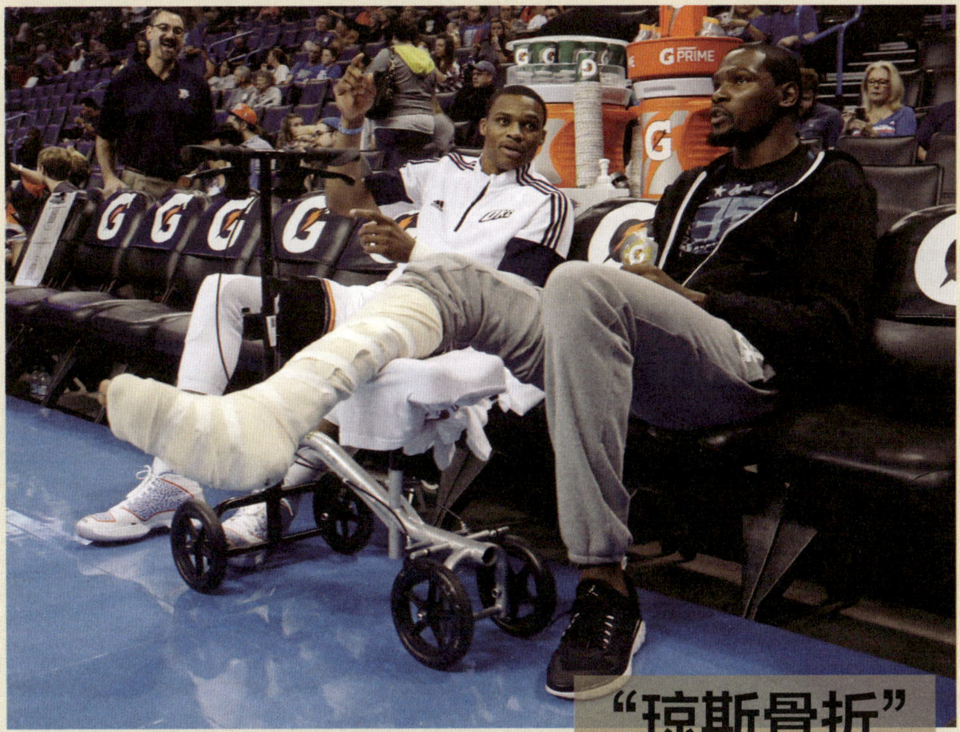

“琼斯骨折”

2007年加入联盟，直至2013-2014赛季，杜兰特都是不折不扣的“铁人”。7个赛季他仅仅缺席16场比赛，出勤率高达97%，季后赛保持全勤，总出勤率高达97.5%。然而一次受伤彻底改变了杜兰特的生涯，“琼斯骨折”也为众多球迷熟知。

2014年10月12日，雷霆队官方发布声明，表示杜兰特在训练之后感觉到右脚不适，经过诊断之后他被确诊为

“琼斯骨折”。这个发生在第五脚趾的看似“极小”的伤病，却成为不少NBA球员的“阿喀琉斯之踵”，姚明、乔丹都曾经饱受其困扰。

第五脚趾的位置由于血液流动缓慢，骨折之后极难愈合，彼时雷霆队预计杜兰特将接受6至8周的恢复时间，但在伤愈之后杜兰特再度感觉脚部不适，再度高挂免战牌。那个赛季他缺席55场比赛，至此告别“铁人”行列。

这次大伤之后，杜兰特依旧保持着不俗的表现，但伤病的频率却增加了不少，原因不一而足。但他仍然是联盟顶级的超级巨星，率领雷霆队冲进西部决赛，与如日中天的勇士队激战七场。随后又携手库里两次拿到总冠军，并两度荣膺FMVP。

尽管MVP赛季之后的“琼斯骨折”让杜兰特的整体健康程度大打折扣，但他在场上的统治力还是肉眼可见。凭借2.08米的身高、逆天的人球结合能力以及稳定的投射，他依旧可以主宰这个联盟。

然而在追逐三连冠的王朝征程之中，杜兰特再度倒下。与此前训练中的突然重伤不同，此番杜兰特遭遇跟腱断裂重伤，整个受伤的过程更显悲壮。

2019年西部半决赛激战火箭队，杜兰特与前队友哈登展开对飙，两支熟悉的队伍再度打出了荡气回肠的角逐。系列赛再度来到了2：2，意外的一幕却发生了，也就此成为杜兰特生涯最大的转折点。

彼时，杜兰特在无对抗的状态下突然觉得小腿不适，随即被换下场并缺席整个系列赛。这种无对抗的伤病在NBA的赛场上尤为恐怖，大多数时候都会与跟腱受伤有关。彼时杜兰特被诊断为小腿肌肉拉伤，需要静养。

激战至2：2突然折损大将，西决胜负的天平似乎已经完全倒向了火箭队，但库里挺身而出力挽狂澜。他携手克莱·汤普森、德拉蒙德·格林，打出了冠军之师的坚韧风采，遭遇重大意外仍然以4：2淘汰火箭队挺进西部半决赛。随后他们又轻松淘汰开拓者队，走上了总决赛这个熟悉的舞台。

然而面对势如破竹的猛龙队，缺少杜兰特的勇士队很快陷入了颓势之

KEVIN
DURANT

Rakuten

中，前四场打完他们1∶3落后。此时关于杜兰特的质疑声四起，不少球迷和媒体人都在疑惑为何小腿受伤的他，会缺席如此久的比赛。在种种舆论的发酵之下，天生敏感的杜兰特犹如一个非证明自己不可的孩子，绝境之中他毅然带伤复出，悲剧就此写成。

对阵猛龙队的总决赛第5场比赛中，他或是带着要证明自己的决心，或是在舆论的裹挟之下不得不登场了，首节比赛他砍下了11分，给颓势之中的勇士队注入了强心剂，前14分钟他打了12分钟，丝毫不像一个长时间缺阵的伤员，悲剧此时已经不可扭转。

次节比赛，杜兰特面对老队友伊巴卡，突破过程中突然倒地。慢镜头显示这正是一次无对抗的受伤，而特写镜头则是捕捉到了杜兰特小腿跟腱部位的一次抖动，一次改变杜兰特生涯甚至颠覆NBA历史走向的伤病发生了。

“跟腱断裂”

杜兰特遭遇了跟腱断裂的重伤，勇士队总经理鲍勃·迈尔斯在官宣杜兰特受伤时的眼泪，连同无数关于他复出的质疑声，成为比总决赛还要难忘的记忆。

跟腱断裂这四个沉甸甸的大字，自此背负在了杜兰特的身上。放眼NBA的历史，尚无人敢豪言不受这个重大伤病的困扰，王者归来全须全尾。强悍如科比，跟腱断裂的重伤之后也不复当年之勇。杜兰特的未来如何呢？他还能位居顶级巨星的行列吗？

布鲁克林篮网队很快给出了心中的答案——他们相信杜兰特的未来！休赛期他们用一笔先签后换的交易，以丹吉洛·拉塞尔为主体换来了杜兰特，即便担负着他恢复情况未知的风险，即便要再等他养伤一年。实际上，篮网队如此坚决的态度以及不惜代价的交易，已经证明了杜兰特的天赋。正如上文所言，他的身高、球感、手感放眼历史都极其罕见，即便是遭遇跟腱重伤，即便可能难回巅峰，篮网依旧认为他可以成为搅动联盟格局的巨星。

2020-2021赛季的开局，证明篮网队的豪赌成功了——一方面，杜兰特的恢复情况确实不错，在赛季的前20场比赛中出战15场。跟腱重伤还是给他的跑跳能力带来了一些影响，但逆天手感加成之下，他的比赛影响力依旧是巨星级别。另一方面，正是因为杜兰特的存在，篮网成为哈登非来不可的球队。历史罕见的超级三巨头自此建立，布鲁克林篮网队用一次豪赌，赢得了一次冲击总冠军的绝佳契机。

放眼杜兰特的生涯，他的两次大伤实际上非常严重。放眼NBA的历史，“琼斯骨折”和跟腱断裂的重伤，毁掉的运动员不计其数。但凭借他历史罕见的不朽天赋，以及不为人知的挥汗如雨，杜兰特挺过来了。尽管从绝对的爆发力、跑跳能力来看，重伤带来的改变不可逆，但杜兰特用天赋和技术层面的优势，将这种改变降到了最低。正因如此，我们还能看到他两次大伤之后仍然以超巨的姿态书写传奇生涯、改变联盟格局。

斯蒂芬·库里

神奇萌神演绎因祸得福

斯蒂芬·库里的职业生涯，同样遭遇过两次比较严重的伤病。生涯初期严重困扰他的脚踝伤势，成为改变他生涯轨迹的重要因素。尽管曾因为“玻璃脚踝”多次缺席比赛甚至赛季报销，但库里生涯初期的这个梦魇，却让他因祸得福，受益良多。

生涯早期的库里饱受脚踝伤病的折磨，2010年12月8日，对阵马刺队的比赛中库里扭伤了脚踝，殊不知这成为他“玻璃脚踝”疯狂受伤的开始。2011年休赛期他接受了脚踝手术，但2012年1月他再度扭伤脚踝，被迫休战两周。随后看似糟糕却成为库里生涯转折点的事情发生了——2012年3月，库里在对阵快船队的比赛中踩到了格里芬导致脚踝扭伤，这次重伤让他赛季报销了，却带来了两个改变库里生涯的深远影响。

在接受脚踝修复手术的过程中，医生一度告知库里的家人，最严重的情况可能需要用死人的跟腱去修复库里严重受伤的脚踝。最终手术非常成功，库里迎来了漫长的恢复期，并遇见了改变自己人生的贵人——训练师凯克-莱尔斯。

作为一名专职训练师，凯克-莱尔斯很快发现了库里与联盟中很多球员的通病。加速变向过程中，他们只依赖脚踝却不懂得运用来自臀部的核心力量。这样的误区加上库里瘦弱的身体，造就了他的“玻璃脚踝”，于是凯克-莱尔斯开启了对于库里的改造计划。

他开始让库里增加力量训练，在健身房中不断增加他的硬拉重量，最初只能做到113千克硬拉的库里，经历了一年多的时间，将这个数字改变成为惊人的181千克。同时，库里也改变了自己的技术动作，开始运用核心力量帮助他在比赛中完成各种动作。

这样的改变让库里迅速告别了“玻璃脚踝”，更加出色的核心力量不仅让他更加健康，更是增加了他的摆脱速度，加上他本就天赋十足的手感，一个划时代的超级三分手，以不可阻挡之势颠覆联盟格局。

频繁重伤却偶遇贵人，库里的因祸得福还不止于此。由于他巨大的伤病隐患，库里在与勇士队的续约过程中，并未能斩获太大的合同。四年4400万“签字画押”之后，勇士队以及全联盟都没有意识到这份合同的深远意义。

随后的岁月里，库里领着这份“童工合同”，连续两次夺得MVP（包括一次全票MVP），率领勇士队拿下2014-2015赛季的总冠军，掀起了联盟的小球和三分狂潮。也正是因为库里合同难以置信的性价比，给勇士队留下了

“玻璃脚踝”

巨大的薪资空间用以招募球员，杜兰特借此加盟。勇士队的豪阵让联盟29支球队绝望，缔造了4年3冠的统治级表现。这一切，与库里当年因伤价值缩水都有着莫大的联系。

生涯的第一次大伤，实际上成为库里的一次腾飞契机。无论是个人表现层面还是球队荣誉领域，他都因为这次受伤因祸得福。然而，生活永远不会只与好运相伴，2019-2020赛季初的受伤，让库里和他的勇士队开始长时间品尝失利的苦涩。

2019年10月31日，2019-2020赛季开赛不久，单独带队的库里便遭遇重创。他遭到菲尼克斯太阳队中锋阿隆·贝恩斯的重压，遭遇了左手骨折。这次无妄之灾，让勇士队彻底失去希望。失去杜兰特、汤普森重伤未归、库里又意外骨折，过去4年疯狂无限的勇士队，被上帝没收了好运。

此后库里只能作壁上观，一次又一次地目睹球队的失利，尽管缺阵58场之后回归，但彼时他也难以拯救水火之中的勇士队，昔日王朝之师以摆烂的姿态结束了2019-2020赛季。值得欣慰的事情有两件：其一，他们如愿收获了榜眼签；其二，则是库里虽然再度接近赛季报销，但左手骨折的伤病几乎不会给他的职业生涯带来太大的后续影响。

相较于其他巨星，从伤病这个角度来看，库里的职业生涯无疑是幸运的。他总计遭遇过两次严重伤病：一次因祸得福让他的生涯迈向了让人仰望的高度；一次则并无大碍，没有给他的后续生涯带来太多的影响。

但“幸运”却不是库里能够克服伤病的最重要原因，屡次脚踝受伤之后，库里付出了多少努力、经历了多少不堪回首的日子，没有人知道。如果不是一次次地在健身房里挑战生理极限，逼迫自己增加核心力量，断然也不会有随后的王者归来和勇士王朝。

库里的付出和汗水，只有他自己知道。

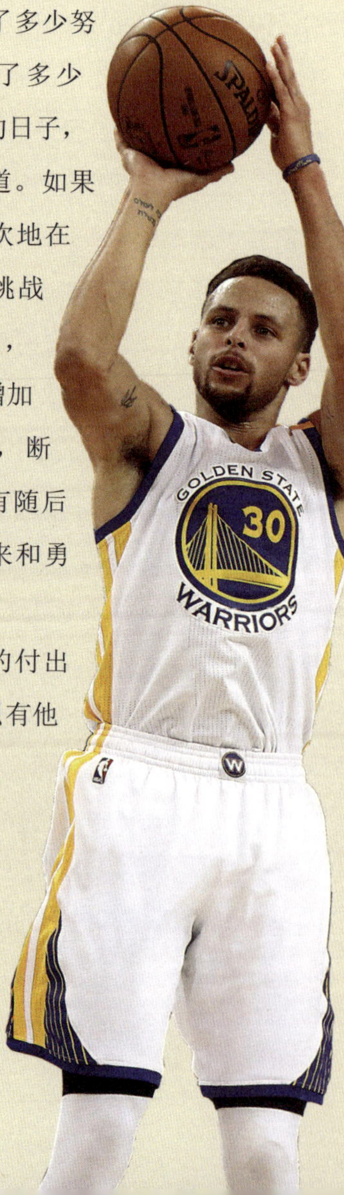

拉塞尔·威斯布鲁克

三双机器浴血重生

拉塞尔·威斯布鲁克的伤病史，同样诠释了涅槃的含义。因为一次膝盖重伤，他的生涯从此与膝伤结伴，却在几次手术之后浴血重生，拿下场均三双和常规赛MVP，将身体天赋演绎到了极致。

与拥有静态身高天赋的杜兰特以及自带射手基因的库里不同，“威少”的打法对于身体的依赖很大。他需要用速度和爆发力撕开防守，或是直冲篮下取分，或是为队友创造机会，绵延十余载的生涯中，他一直都不是一位出色的投手，但却拥有着让对手胆寒的冲击力。

2012-2013赛季的季后赛，成为威少生涯的转折点。对阵火箭队的系列赛第二场，“威少”叫出暂停之后被贝弗利鲁莽冲撞，随后他被诊断为膝盖半月板撕裂，自此膝伤在威少的漫长生涯中，成为挥之不去的梦魇。

前5赛季保持全勤的“威少”，开始了漫长的伤病斗争史。通过手术修复撕裂的右膝半月板之后，他错过了那个赛季的季后赛，眼睁睁地看着雷霆队在西部半决赛出局。2013-2014赛季，他的右膝出现肿胀并再度接受了手术。缺席了常规赛的开局，“威少”又在圣诞大战后感到膝盖不适，并再度接受了修复手术。

短短半年多的时间里，“威少”的膝盖经历了3次手术。极其依赖身体素质的威少，经历了膝盖反复的伤势，职业生涯蒙上了一层阴影。但顽强的雷霆核心，奇迹

“返厂升级”

般地在三次手术中完成了“返厂升级”。

2014-2015赛季，“威少”仍然受到了一些伤病的困扰，但不过是意外的手部骨折和面部骨折，膝盖再无大碍，他独自带队斩获得分王，生涯完全提升到了一个新的层次。随后他携手杜兰特杀入西决，又在杜兰特离开之后演绎极致的个人英雄主义，场均三双率队闯入季后赛，力压前队友哈登斩获MVP。

此时的他真的好似上文所说的“返厂升级”，频繁的膝盖手术非但没让他的身体素质出现下滑，反倒是一个更加

劲爆的核心后卫出现在雷霆队的阵中。生涯前5个赛季全勤的威少，似乎再度回来了，百毒不侵、“金刚”不坏。

在2017-2018赛季之前，“威少”都以这样的姿态独自领军，艰难率领雷霆队前行。精神层面的热血终究抵不过人体科学的常理，长时间的征战以及极度依赖身体的打法，还是让威少的身体亮起了红灯。

2018-2019赛季之前，威少感觉到自己膝盖不适，主动接受手术进而缺席赛季伊始的两场比赛。膝盖的第4次手术，似乎成为压垮威少的最后一根稻草。至此他再未能重现MVP赛季的巅峰风采，加盟火箭队之后也是打打停停。

纵观威少的伤病史，他还是比绝大多数球员要幸运。经历了膝盖十字韧带的重伤之后，他神奇的“升级”并以不是完全健康的姿态，达到了自己的巅峰。然而任何运动员都抵不过岁月的侵蚀，如威少般依赖身体的更是如此。经历了4次膝盖手术不可避免地走上生涯下坡路的威少，至少在个人荣誉层面已经没有遗憾，至少他已经在“俄城”铸就了一段传奇。

Russell
Westbrook

保罗·乔治

恐怖断腿难阻壮志雄心

2014年前的保罗·乔治，生涯可谓顺风顺水。被印第安纳步行者队选中，并逐步成为球队核心，球队当家球星丹尼·格兰杰重伤之后，他顺理成章地成为球队的绝对领袖，生涯第三个赛季便入选全明星和最佳阵容。一切的一切，都在见证一名冉冉升起的顶级锋线巨星。但恐怖的意外改变了乔治的生涯，对抗伤病、对抗心理的恐惧感，王者归来的乔治，重新成为联盟顶级巨星，但如果没有那次伤病，他的生涯上限会在哪里呢？

2014年夏天，美国男篮组织训练营备战即将到来的世界杯，表现出色的乔治顺利入选。但就在训练

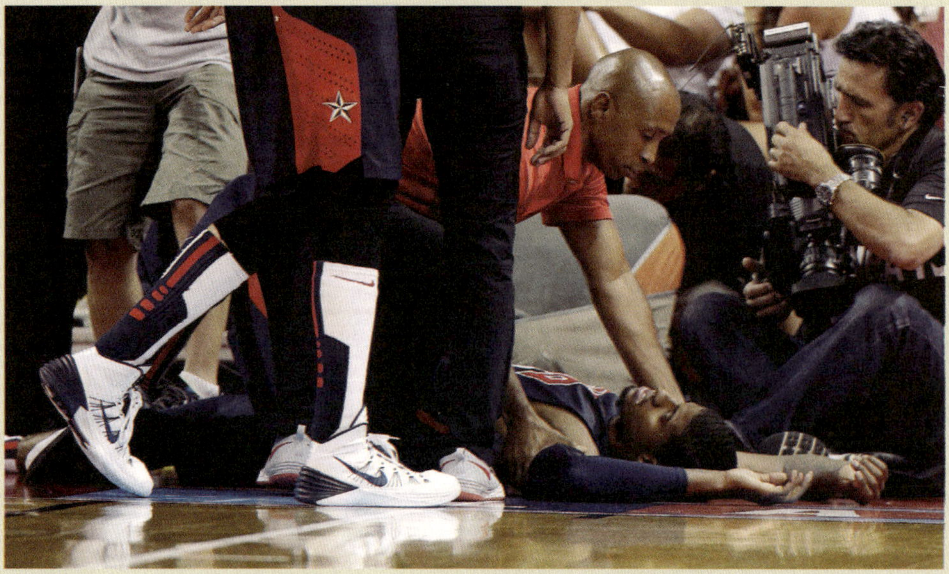

赛之中，意外发生了。乔治在一次快攻中，腿部卡在了篮架的下面，当场出现了恐怖的开放性骨折。在他身后目睹了这一切的哈登以及美国男篮众将，几乎不敢相信自己的眼睛，训练赛随即暂停，现场所有人都在为乔治祈祷。

最终，乔治被诊断为胫骨腓骨骨折。这样断腿的伤病，视觉冲击力之强烈让人难以释怀，对于受伤运动员本身的影响更不言自明。于乔治而言，幸运的是他并没有遭受诸如韧带、跟腱这样摧毁天赋的伤病，但不幸的是这次有些残酷的重伤，对于心理的重创很难轻易克服。

重伤之后的乔治开启了漫长的康复之路，一颗冉冉升起的新星若是就此滑落，无疑让人惋惜。乔治的雄心壮志帮助他挺了过来——手术后不久他便开始恢复训练，经历了漫长的康复和复健，他找回了健康，重新回归了赛场。

如上文所言，断腿的伤病虽然恐怖，但不像跟腱、韧带这样的伤势，会给球员带来长时间的困扰。康复后的乔治健康程度喜人，也逐步将自己的生涯拨回了正轨。

2015年4月乔治正式复出，随后的2015-2016赛季乔治让所有人都吃下了

Paul George

定心丸——重伤之后的他整个赛季仅仅缺席了一场比赛，场均拿到23.1分7.0个篮板4.1次助攻，表现甚至优于受伤前的赛季。他仿佛是一个经历了劫难的勇士，用自己大杀四方的表现证明了他已经迈过劫难，彻底重生。

随后他的生涯再度发生转折，从培养他的母队步行者队转会到了俄克拉荷马雷霆队。在那里他的生涯更上一层楼，2018-2019赛季他在MVP评选中入选前三，一跃成为联盟顶级巨星。

与杜兰特、库里、科比不同，乔治的伤病并未给他的天赋带来毁天灭地的影响。但那次让人不忍多看一眼的重伤给他的心理带来了多大创伤，无人知晓。更重要的是，对于一名冉冉升起的新星而言，缺席了整整一年比赛对他的提升之路带来多大负面影响，同样不可

bumble
13
BRAVES
UFFALO

估量。我们需要对乔治的雄心壮志肃然起敬，因为他从让人不敢直视的伤病中挺了过来。但我们同样惋惜，惋惜于若不是这样的意外，如今的乔治可能更加强大。

放眼NBA的漫漫历史，遭遇重伤却仍然王者归来，打出让人振奋表现的球员不止以上5位代表，还有生涯第一年便宣告报销的格里芬、生涯前三个赛季都只能与康复做伴的恩比德、万众期待却首秀姗姗来迟的锡安……

这些球员都有着共同的特点，他们天赋异禀，拥有无限的可能和上限，却因伤病延缓了前进的脚步。但强大的天赋以及意志，让他们战胜了伤病、兑现了天赋。相较于很多运动员，他们是幸运的，伤病和健康问题并没有彻底颠覆他们的生涯，他们还是在这个联盟中留下了属于自己的传奇故事。但对于球迷而言，惋惜依然存在。

在他们身上都留下了一个大大的“如果”，如果不是伤病，本就已经无比灿烂、无比辉煌的生涯，还会有怎样的惊喜呢？

Isaia
Tracy

巅峰陨落

他们曾经承载着无数期待，
他们曾经抵达梦幻巅峰，
他们的生涯经历了巨大的落差，
曾经无与伦比的天赋被伤病摧残得七零八落。
他们的存在，
让 NBA 的历史中有了无数的“如果”，
伴随着无尽的惋惜和哀叹，
我们也只能在“如果”的世界中
去想象他们健康步入巅峰时的样子。

Grant Hill
Thomas
McGrady

ROCKETS
1

姚明

应力性骨折成巨人梦魇

短短8个NBA赛季，勾勒出了姚明辉煌却又充满遗憾的NBA生涯。这位中国人乃至黄种人的骄傲，生涯前3个赛季都保持着极好的身体状态。但在增重、上场时间、休赛期奔波等因素造就之下，他的双腿难以支撑2.26米的身高，从生涯的第三个赛季频繁的脚伤开始，到随后的应力性骨折断送生涯，姚明从生涯的第4个赛季开始，只能在与伤病的斗争中艰难前进。

2004-2005赛季以前，姚明的出勤率都是有保障的，三个赛季的NBA他仅仅缺席了两场比赛，迎来新搭档麦克格雷迪，两人在火箭队的未来被寄予厚望，但伤病从2005年休赛期不期而至。

2005年9月的亚锦赛中，姚明就被老对手哈提布肘击到了下巴，这是在正式比赛中他的下巴第四次受伤。几个月后的NBA新赛季，他迎来了生涯第一次的长时间缺阵，彼时由于甲沟炎的影响，他休战了1个月。之后在2006年10月，他接受了大脚趾指甲的摘除手术，就是为了治愈甲沟炎。

2005-2006赛季饱受甲沟炎困扰的姚明，又在季后赛将近时遭遇重创，彼时他在4月对阵爵士队的比赛中，落地时踩到了德隆·威廉姆斯的脚，导致左脚小脚趾骨折。这是他加盟NBA之后，遭遇的最重伤病。姚明赛季报销之后，“麦迪”率领休斯顿火箭队激战犹他爵士队，在季后赛中再度首轮折戟。

生涯罕见的重伤来临之后，逐渐开始变得频繁，姚明的健康情况急转直下。2006年12月，在火箭队对阵洛杉矶快船队的比赛中，姚明被蒂姆·托马斯压到膝盖。彼时的“小巨人”抱着自己的膝盖痛苦哀号，他的父母以及妻子在现场目睹姚明的受伤，面色凝重。最终他被诊断为胫骨骨折，因此缺席了32场常规赛。

距奥运会6个月前夕，姚明又遭遇应力性骨折，赛季报销，为了赶上奥运会，他不惜一切代价地恢复。尽管出现在北京奥运赛场上的姚明不是最佳状态，却仍然率领中国男篮闯入了八强。

不过频繁的骨折已经将他的双腿摧残得极度不堪，2009年西部半决赛姚明再度受伤，随后被诊断为左脚骨裂。此时的姚明，尽管依然渴望重新回归赛场，但屡次受伤的双腿已经难以承受NBA级别的对抗，2010-2011赛季复出后，他仅仅打了5场比赛便再度宣告受伤，从此结束了自己的职业生涯。

巅峰时期的姚明，绝对是联盟第一中锋的有力争夺者，他在内线的进攻统治力无出其右。但有些遗憾和唏嘘的是，他的巅峰犹如白驹过隙，种种因素造就了他生涯中后期频繁的伤病，最终只能空留叹息，早早地结束了自己的职业生涯。

Yao Ming

特雷西·麦克格雷迪

感动上帝却难撼背伤

白马银枪梅子酒，纵横天下谁敌手。健康的特雷西·麦克格雷迪，伴随着早年的火箭情结，在中国圈粉无数。他招牌的单手持球和干拔跳投，成为无数篮球少年模仿的对象。35秒13分的神迹感天动地，闪耀于NBA的历史之中。然而“麦迪”的职业生涯，并不像这些碎片呈现的那般飘逸潇洒，挥之不去的背伤阴霾成了这位天才球员的“阿喀琉斯之踵”，也让他的生涯徒留无数遗憾和叹息。

以高中生身份进入联盟，“麦迪”生涯起航还算顺利，无论是在多伦多猛龙队还是奥兰多魔术队的早期，伤病都没有给他带来太大的影响，但转折点出现在2001-2002赛季，彼时那个他职业生涯十几载都不曾散开的阴霾正式来到。

那个赛季“麦迪”不过缺席6场比赛，绝对数量层面并不算多；但其中5场都是因为背部痉挛造成的。雪上加霜的是，2002年3月，“麦迪”在比赛中被绰号“拖拉机”的特雷勒撞倒，后者巨大的体重让“麦迪”的背伤加重。

随后的赛季里，“麦迪”开始了与背伤漫长的斗争。2002-2003以及2003-2004赛季，他都拿到了得分王，总计缺席了21场比赛，其中6场是因为背部的伤病、9场是因为左膝受伤。加盟火箭队之后，“麦迪”为更多中国球迷所熟知，他的伤病履历也成为火箭队球迷不堪回首的记忆。

姚麦组合的第一个赛季，除了抢七战大败40分之外，所有的回忆都是美好的。“麦迪”仅仅缺阵了4场比赛，还有一场是因为事假。保持着罕见的高

出勤率，两人率领火箭队打进季后赛，并一度无限接近晋级。

然而短暂的美好之后是无尽的深渊，“玻璃人”属性开始在“麦迪”的火箭生涯中日渐显现。2005-2006赛季，“麦迪”总计缺席了35场比赛，其中34场比赛都是因为背伤缺席。这个从2002年开始困扰他的伤病，愈发嚣张地破坏“麦迪”生涯的完整性。

2006-2007赛季，“麦迪”4次中途退场，他痛苦捂着背部的画面，一次次地引来火箭队球迷的叹息。当季11次缺席之中，9次是因为背伤。此时的“麦迪”，身体已经不堪重负，整体表现走向了不可扭转的颓势。

到了2007-2008赛季，频繁拉响健康警报的“麦迪”，整体表现大幅度下滑：投篮命中率下降了1.2%，来到了41.9%，场均得分下降3分，仅有21.6分。伤病也从他的背部逐步蔓延到肩膀、膝盖等位置，直接造成了即便是能够出场，“麦迪”也再无当年之勇，整体表现下滑明显。

2008-2009赛季，成为“麦迪”火箭生涯的一个分水岭，彼时他因为伤病仅仅出战了35场，场均仅仅能够得到15.6

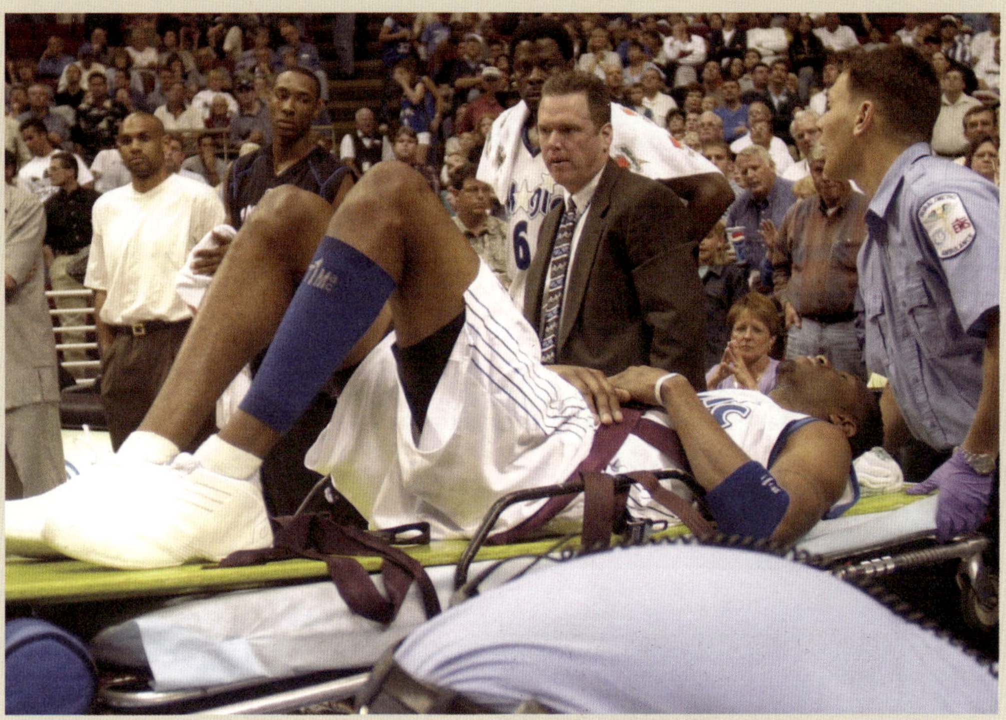

分，一代巨星就此沦为平庸，他与火箭队的关系也急转直下。翌年打完6场“验货之战”，“麦迪”彻底告别火箭队。

随后的生涯之中，“麦迪”依旧是饱受伤病困扰，打打停停再难回巅峰。当年那个白马银枪的飘逸少年，早已被伤病摧残得天赋尽失。天赋曾与科比齐名的麦克格雷迪，无论从个人荣誉还是团队成绩的角度，都留下了巨大的遗憾，频繁的伤病让他根本无从兑现天赋，职业生涯空留无限“如果”。

关于“麦迪”频繁背伤的原因，先天性脊柱侧弯的说法比较普遍。但无论“麦迪”本人还是火箭队队医，都没有在公开场合对此有肯定的说法，因此真实性层面有待考究。无论是因为什么因素导致“麦迪”频繁的伤病，这位天才过早地因为背伤下滑，却是所有篮球迷的不幸。

在那个休斯顿火箭队如同中国球迷主队的年代，姚明和“麦迪”若是能够保持健康，他们的生涯成就远不止于此，带给球迷的感动和快乐也远不止于此。然而这一切只能存在于“如果”之中，那个让上帝都感动哭了的超级巨星，只能停留在无限美好却又无限遗憾的记忆之中了。

格兰特·希尔

乔丹接班人的脚踝之殇

1993年的夏天，乔丹第一次宣布退役，NBA联盟“呼唤救星”，他们急需要找到一名可以拯救收视率、承载球迷信仰的“乔丹接班人”。格兰特·希尔此刻出现了——他降临的球队，正是无数次阻击乔丹的坏孩子军团底特律活塞队。

大学时期效力于杜克名满天下，出身名门自带儒雅无私的气质，彼时的希尔在美国的口碑好到了极点。球迷们的选择不会说谎，希尔在新秀年便入选了全明星并成为票王，世人对他的喜爱

“乔丹接班人”

不言自明。

希尔的表现也确实对得起这份厚爱，新秀赛季场均19.9分6.4个篮板5.0次助攻的表现，全面、成熟得不像一个新秀。彼时的格兰特·希尔，一步一个脚印地成为20世纪末的第一小前锋。连续7年入选全明星首发，5次入选最佳阵容，包括一次最佳阵容一阵。

彼时的希尔，成为联盟力捧、球迷追捧的对象，但在季后赛中却迟迟难以突破，活塞队一次次的首轮折戟，也让希尔渴望突破的欲望日渐强烈。没有人想到，正是急于在季后赛中证明自己的心情，给希尔的重伤埋下了伏笔。

将时钟拨回到1999-2000赛季，彼时的希尔在季后赛即将开始的时候膝盖出现不适。渴望在季后赛中有所突破的希尔，彼时的心情可想而知。

2011年在接受福克斯体育专访时，希尔透露了这次伤病的细节。据他回忆，活塞队队医并没有太重视他的受伤，云淡风轻地表示仅仅是挫伤而已。不仅如此，由于伊赛亚·托马斯带伤激战湖人的故事太过荡气回肠，底特律自然也想让希尔一样，带伤率领球队完成突破。

这样的冒险最终彻底改变了希尔的生涯，带着伤病力拼季后赛之后，他的脚踝受到了巨大的影响。休赛期他与底

特律分道扬镳，加盟了奥兰多魔术队，活塞队期间埋下的"阿喀琉斯之踵"，就此彻底爆发！

加盟魔术队的第一个赛季他出战了4场比赛，随后的两个赛季他分别出战14场和29场，挥之不去的脚踝伤病，伴随着一次次的手术和钢钉植入，彻底让球迷忘记了曾经的乔丹接班人是怎样打球的。

可能只有格兰特·希尔没有忘记，他知道自己曾经是多么有天赋。

于是他一次次地与伤病抗争，一次次地挣扎着站了起来。2004-2005赛季，希尔的健康程度有所好转，出战67场比赛，以50.9%的投篮命中率，场均拿到19.7分。然而彼时他已经接近33岁了，职业生涯最为黄金的岁月，他的大部分时间都在病榻上度过，光阴如白驹过隙，徒留给希尔无限的遗憾和惋惜。

希尔在34岁的高龄选择加盟菲尼克斯太阳队，上帝此时跟他开了一个让人无奈的玩笑。生涯巅峰期饱受伤病困扰的希尔，此时却在"太阳神医"的帮助之下，4个赛季总共缺席了十几场比赛，希尔苦寻多年而不得的健康，却在他的职业生涯暮年来到了。

太阳队的巅峰赛季，他场均仍然能贡献超过13分，送出接近3次助攻，投出超过50%的命中率。即便巅峰已过，即便已经在伤病的摧残之下失去了爆发力，但希尔依然展现着自己的天赋。他纯熟的技术、出色的脚步、令人惊叹的比赛阅读能力，让他的生涯得以无限延续。

纵观格兰特·希尔的生涯，一次让人扼腕叹息的带伤出战的决定，彻底颠覆了他的生涯走向。巅峰期枯坐板凳与伤病相伴，乔丹接班人彻底失去了完全兑现天赋的机会，冉冉升起却又戛然而止的生涯，留下了多少遗憾和不甘。

Grant
Hill

林书豪

“我完了”让“林疯狂”剧终

他曾经上演过NBA历史上最为疯狂的逆袭故事，一战成名，从小角色成为大明星。他曾经迎来以自己为核心的带队机会，却遭遇毁灭性重伤，从此未能再回巅峰。外人看来，林书豪的生涯已经没有遗憾，“林疯狂”、相对较高的合同、总冠军都足够耀眼。但一生中那唯一的一次机会，林书豪却因为伤病错过了。

林书豪上演的“林疯狂”，所有人再熟悉不过，但恐怕没有多少人知道，那次疯狂被按下暂停键的原因，正是伤病。彼时他遭遇膝盖半月板撕裂，并结束了自己的尼克斯队生涯。

随后林书豪收获了可观的合同转投火箭队，又加盟湖人队搭档科比，膝盖的伤病依然困扰着他。2015年4月，湖人队官方宣布林书豪因为膝盖伤势赛

BEIJING
7

季报销，这是他生涯的第二次重伤，位置还是在膝盖。

火箭队、湖人队、黄蜂队，“林疯狂”之后林书豪辗转三队，生涯一直不温不火。一直到2016年休赛期，他加盟篮网队之后，迎来了转机。彼时篮网队百废待兴，主帅阿特金森对林书豪赞赏有加。在之后的纪录片中，林书豪也坦言球队的管理层，彼时不断在建队思路层面与他沟通，希望围绕他打造一支球队。换言之，林书豪迎来了担当一支NBA球队老大的机会。

无论是在他大爆发的尼克斯队，还是在随后的火箭队、湖人队、黄蜂队，林书豪都不曾有这样的机会。但伤病却成为拦路虎，林书豪以核心身份征战NBA的梦想，终究未能实现。

2016-2017赛季，也是林书豪加盟篮网队的第一个赛季，他仅仅出战了36场比赛，频繁遭遇腿筋伤势让他打打停停。尽管如此，场均14.5分5.1次助攻的表现，也已经足够亮眼。2017年的休赛期，林书豪踌躇满志，希望以更加健康的姿态重返联盟。但事与愿违，更加严重的伤病出现了。

2017-2018赛季林书豪迎来首秀，对阵步行者队的比赛尾声，林书豪突破过程中摔倒在地，随后他痛苦地捂着膝盖，带着哭腔连续喊出“我完了”，表情中有着明显的恐惧。从那一刻起，林书豪恐怕已经知道，这次受伤会给他的职业生涯带来怎样的影响。

最终林书豪被诊断为右膝髌骨肌腱断裂，这是他生涯最严重的一次伤病，出现在了他最需要证明自己的时候，命运有时就是这么残酷。

这次伤病之后，林书豪再未能扭转生涯的走向，辗转老鹰队、猛龙队，角色都日渐边缘化。他无缘重现“林疯狂”，无缘担任球队重要轮换，更无缘成为一支球队的核心领袖了。一次颠覆他生涯的伤病，让他的NBA征程急转直下。

纵观林书豪的NBA生涯，篮网队时期的那次重伤可谓是一个重大转折，将他从逐梦征程中彻底拉下马，也给“林疯狂”按下了“剧终键”，自此没有人知道健康的林书豪独自领军一支NBA球队究竟能打出怎样的表现了。

Jeremy
Lin

以赛亚·托马斯

一次受伤让精灵失去神奇

当以赛亚·托马斯在第60顺位被选中的那一夜，没有人想到身高1.75米的他会成为MVP前五级别的球员，没有人会想到他会用关键时刻的无解得分成为联盟的末节之王。更没人会想到他能用季后赛50+的史诗表演，率领“绿军”闯入东部决赛。

巅峰的小托马斯犹如一个精灵，他总能在进攻端觅得良机，利用自己恐怖的下肢力量或是跳投或是冲击篮下，在长人如林的NBA赛场彰显天赋。然而这一切都在一次受伤和强行的带伤复出之后，彻底消失。

小托马斯的伤病史并不算多，这位小个子球员有着强壮的身体和敦实的下盘，也让他在绝大多数时候，能规避伤病的侵袭。但就是一次关键时刻的受伤，改变了他的生涯。

2016-2017赛季，小托马斯打出了生涯的巅峰赛季，季后赛中他率领球队杀入半决赛激战奇才队，一场53分的史诗级表演，让他缔造多项纪录。但奇才队也不肯束手就擒，双方激战至抢七，小托马斯彼时饱受臀部伤势的困扰，但他毅然决然地选择带伤出战，悲剧就此写就。

因为带伤出战，小托马斯的状态一落千丈，遭到凯尔特人队的无情抛弃。他不仅错失了大合同，还失去了好状态。巅峰时期场均28.9分5.9次助攻的小托马斯，被交易到骑士队之后，难觅当年之勇。无论是在骑士队、湖人队、掘金队还是奇才队，那个灵动的精灵未能重现NBA赛场。

带伤出战的小托马斯，未能在随后的生涯中追逐到想要的大合同。更让人唏嘘的是，他被凯尔特人队送到了东决死敌骑士队阵中。史蒂文斯（波士顿凯尔特人队主帅）为他量身打造的攻防体系不复存在，1.75米的身高短板被无限放大。

种种因素让他随后的生涯乏善可陈，再无巅峰时期的风采。若不是这次致命的臀伤，我们有理由期待小托马斯能够延续2016-2017赛季的发挥。可惜篮球世界里没有“如果”，这次伤病彻底改变了小托马斯的人生轨迹。短短几年间，他从东决球队的绝对核心、季后赛轰下50+的大腿，沦为底薪工作也难觅的边缘人。

NBA漫漫历史长河中，诸如姚明、“麦迪”、林书豪这样的球员，数不胜数。他们曾经有过让人惊叹的巅峰，进而让人憧憬他们美好的未来。但在伤病反复折磨和摧残之下，上帝过早地收走了他们的天赋。短促的生涯以及从未来到的真正的巅峰，空留无限唏嘘。他们的职业生涯有太多未尽的理想，这些理想和他们的健康一样，早在伤病来到的那一刻，便宣告一去不复返。

Isaiah Thomas

Shaun L

Der

悲情天才

姚明、“麦迪”、希尔的生涯虽然悲情且短暂，但依然有所收获。
无论是个人荣誉和球队战绩，乃至薪资层面，
他们或多或少的有所斩获。未能将巅峰延续几年，
未能兑现本该兑现的天赋，他们是不幸的。
但还有一些球员，他们的生涯更让人惋惜。

安芬尼·哈达威

德里克·罗斯

布兰登·罗伊

格雷格·奥登

肖恩·利文斯顿

或是从未达到过巅峰、新秀合同时期就出现重大伤病，
或是在行将建功立业、迎来正名良机时突遇伤病打击，
从此他们再未能达到应有的高度，
在遗憾和平庸中度过自己的生涯。

安芬尼·哈达威

乔丹接班人被膝伤打败

哈达威1993年首轮第三顺位被金州勇士队选中，随即被交易到魔术队，他在奥兰多开始了自己的职业生涯，和“大鲨鱼”奥尼尔成为搭档。

事实上哈达威在大学时已名扬全美，作为1992年美国男篮预备队的一员，他和韦伯、希尔、马什本等青年才俊一起在训练赛中战胜过“梦一队”。在和乔丹、“魔术师”约翰逊、伯德等超级球星的对位中，哈达威毫无保留地展示自己的天赋，精彩的表现给“梦一队”的大牌球员留下深刻的印象。乔丹当时就曾表示：“如果非要我挑选一个接班人，那么哈达威会是我的第一选择！”

顶着“乔丹接班人”的名号、哈达威在新秀赛季拿下全明星新秀赛MVP，入选1993-1994赛季最佳新秀阵容第一阵容，并和奥尼尔一起带队进入季后赛。1994-1995赛季，哈达威凭借场均20.9分4.4个篮板7.2次助攻的全能表现首次入选全明星正赛，常规赛结束他又入选最佳阵容第一队。季后赛中哈达威和奥尼尔联手带领魔术队拿下东部冠军，虽然总决赛中他们0：4被火箭队横扫，但魔术队“青年军”的发挥还是收获了媒体专家的肯定和广大球迷的支持。

1995-1996赛季哈达威常规赛82场全勤，场均数据虽然和上赛季不相上下，但带队表现更加出色，全明星首发和最佳阵容第一队的荣誉从侧面说明了当时的哈达威是多么出色。就当球迷和媒体以为魔术队可以就此崛起的时候，奥尼尔的离队和哈达威的伤病却改变了他们的命运。

1996年11月14日，哈达威在对阵黄蜂队的比赛中感到左膝不适，经队医检查后确诊为左膝软骨损伤，三天后哈达威接受膝盖手术，从这开始膝伤就成为他挥之不去的梦魇。迫于球队成绩的压力，哈达威强行复出，带伤比赛导致状态下滑，虽然魔术队进入季后赛，但首轮就被热火队淘汰。左膝伤病反复，哈达威在1997-1998赛季仅出战19场，即使如此，他还是被球迷们选进全明星阵容，但大家慢慢发现，那个打球灵动飘逸的“便士”好像已经回不来了。

1998-1999赛季，哈达威常规赛出场50次，场均贡献15.8分5.7个篮板5.3次助攻2.2次抢断。虽然场上表现和数据依旧全能，但在魔术队管理层的心中，哈达威已经不是曾经的那个“乔丹接班人”了。1999年夏天，魔术队将哈达威先签后换交易到太阳队，“便士”和奥兰多的缘分彻底结束。

太阳队希望为基德找到好帮手，哈达威则期待着在新球队迎来重生，1999-2000赛季，这对组合带领太阳队以西部第五的排名晋级季后赛。在基德因伤缺席大部分场次的情况下，哈达威带队在首轮3：1战胜卫冕冠军马刺队，西部半决赛太阳队虽然1：4不敌湖人队，但哈达威场均20.3分4.9个篮板5.7次助攻1.5次抢断的表现让球迷依稀看到了那个曾经无所不能的“便士”。

没有人能想到，那竟然是哈达威最后的巅峰！2000-2001赛季，再次遭遇膝伤困扰的哈达威仅出场4次，再次复出之后他的球队地位大不如前。2004年1月5日，哈达威和马布里被打包交易到纽约尼克斯队。在尼克斯队效力两个赛季后，他又在2006年2月23日被交易到魔术队，仅仅两天之后，魔术队裁掉了这位曾经的当家球星。

2007年夏天，在老搭档奥尼尔的召唤下，哈达威选择和热火队签下一年合同，已经36岁的“便士”出战16场比赛后再次被裁，这次哈达威选择了直接退役。出道即巅峰，哈达威曾经是NBA最受欢迎的新星，可无情的膝伤带走了他的运动能力，“便士”因此失去了魔力。涅槃重生的故事是很多人的美好愿景，但现实的结局往往真实而残酷，虽然哈达威没能达到球迷们曾经预期的高度，但对于那些喜欢他的人来说，有那么一抹蓝色永远不会消逝。

德里克·罗斯

膝盖重伤摧残不朽玫瑰

德里克·罗斯的生涯，因为伤病留下了太多的遗憾。生涯前三个赛季，仅仅缺席了6场比赛的罗斯，在2011年的休赛期后，开始被伤病找上麻烦。自此他的两个膝盖重伤不断，屡遭毁天灭地的打击。尽管顽强的罗斯一次又一次地王者归来，但那个史上最年轻的MVP，早已在无数次的大伤中失去了傲人的天赋。罗斯回来了，但最年轻的MVP永远定格在了2012年大伤之前。

SQUARESPACE
4
0

2012年4月，公牛队对阵76人队的系列赛中，上个赛季拿到MVP的罗斯，经历了人生中最为灰暗的时刻。他的生涯轨迹乃至公牛队的球队命运，就此遭遇了翻天覆地的变化。

膝盖交叉韧带撕裂的重伤，让罗斯赛季报销、公牛队遭遇首轮游。随后他经历了漫长的恢复，于99场比赛之后回归。但膝盖韧带撕裂的重伤，给他的影响却没有消除。自此他的生涯笼罩在伤病的阴翳之中，再未能挣脱。

2013年11月，罗斯的膝盖半月板撕裂，第二次赛季报销，错过了76场比赛。2015年他再度遭遇膝盖半月板撕裂，2017年同样的伤病又一次找上门来。膝盖半月板连续的伤病，加上之前的韧带撕裂，让罗斯失去了巅峰时期的爆发力。

曾经不可一世的MVP，再难轻易地上演招牌的暴力突破、悬停上篮。罗斯足够顽强，接二连三的伤病以及巨大的心理落差，没有彻底摧毁他。“明城”感天动地的50分之夜，以及随后在活塞队屡屡奉上的关键表现，让人依稀看到他MVP时期的风采。然而这样的画面毕竟是少数，连续的重伤折磨让罗斯的巅峰停留在了三年级，被伤病阴云笼罩的生涯中后期，留下了太多的遗憾。

Derrick Rose

纵观罗斯的生涯，传奇的开端以及坎坷的命运让人不胜唏嘘——23岁不到获得MVP，创造NBA历史，劲爆的打法和球风无出其右，是为传奇。然后巅峰如流星般划过，伤病却成为生涯主旋律，是为唏嘘。没有人见过德里克·罗斯真正的巅峰，这是多么遗憾。

撕裂之城的半月板之殇

布兰登·罗伊

“难觅黄曼巴”

布兰登·罗伊的生涯，短暂得让人无限唏嘘。从2006-2007赛季被波特兰开拓者队选中，到2010-2011赛季被球队“特赦”，他真正完成的赛季仅有5个。一次强硬的带伤上阵，一双没有半月板的膝盖，让罗伊一度辉煌的生涯，短短5年就宣告终结。“撕裂之城”痛失领袖，玫瑰花园难觅“黄曼巴”。

新秀赛季荣膺最佳新秀，生涯第三年场均贡献22.6分5.1个篮板4.7次助攻，投篮命中率高达48.0%。罗伊一步一个脚印地成为联盟顶级分卫，2009年8月，开拓者队也以五年8200万的队史第二高薪与他续约。一颗巨星在“撕裂之城”升起，玫瑰花园的新领袖来了。

然而所有的一切都在2009-2010赛季发生了转折，那个赛季的开拓者队似乎遭遇了命运的诅咒。格雷格·奥登、鲁迪·费尔南德斯、尼古拉斯·巴图姆等7名球员接连受伤，但罗伊并不打算就此认命，他率领缺兵少将的残阵位居西部季后赛行列之中。但连续的高强度作战，给他的健康拉响了警报。常规赛收官阶段，罗伊遭遇右膝半月板撕裂，随即接受了手术。

努力了一个赛季将球队带入季后赛，罗伊显然不想就此认命。尽管官方宣布他需要休息4至6周，但罗伊却意外地在季后赛第4场比赛中登场亮相，彼战他荡气回肠的命中制胜三分，上演王者归来的热血演出，帮助开拓者队将大比分扳平。

然而这次强硬的与命运对抗，似乎彻底激怒了命运，随后罗伊的身体状况遭遇了严峻的考验——2010-2011赛季，他被迫摘除了半月板，两个膝盖都处于“裸奔状态”。在频繁的膝盖伤病以及两个半月板被摘除的影响之下，他

的场均得分下降到了12.2分。2011年1月，罗伊接受了双膝关键镜修复手术，此时的他已经距离告别赛场非常之近了。犹如老人的膝盖，断然无法支撑他在NBA赛场上叱咤，曾经的玫瑰花园主人，只能落寞地高挂免战牌。

罗伊把最后的高光和热血，留在了玫瑰花园球馆——2011年4月，开拓者队与达拉斯小牛队（现称达拉斯独行侠队）展开季后赛激战，膝盖重伤的罗伊以几乎不可思议的方式，荡气回肠地捍卫了主场。他在第四节独得18分，包括最后39.2秒的制胜进球，带队完成23分的超级逆转，这是罗伊生涯最后的荣光。

随后因为膝盖严重的伤病，他宣布退役。不愿放弃抗争的罗伊，随后在明尼苏达森林狼队尝试复出，但仅仅出战5场便被裁掉，NBA生涯彻底终结。短短5个赛季，他留给“撕裂之城”无限美好，也留下无限遗憾。

他拖着重伤的膝盖，以末节独得

18分演绎大逆转的方式，将最后的荣光留在“撕裂之城”，这5年短暂而美好的时光，连同最后一战的荡气回肠，罗伊证明了自己曾经是玫瑰花园的王。

Brandon Roy

格雷格·奥登

天之骄子空余悲叹

曾经的格雷格·奥登，可谓美国篮球的天之骄子。这位俄亥俄州立大学的中锋，大学时期罕逢敌手，早早地获得“大帝”的称号，被视作NBA联盟又一位内线统治者。然而NBA生涯他遭遇伤病诅咒，总计仅出战105场比赛便宣告退役，一代天才内线空余悲叹。

大学时期的奥登，展现出了远超同龄人的天赋。NCAA决赛面对乔金·诺阿和艾尔·霍福德这两位日后NBA的顶级内线，他拿到25分12个篮板，完全统治禁区，反观以上两人合计仅有18投7中，完全被奥登打爆。2.13米的身高、129千克的体重，出色的移动能力让他毫无悬念地力压杜兰特，成为2007年NBA选秀的状元。

然而当同届新秀纷纷在NBA赛场展现才华时，伤病的不期而至让奥登只能无奈地作壁上观。2007年的夏天，奥登突然感觉到膝盖疼痛，随后的检查中他被诊断出膝盖软骨受损，只能接受手术治疗，需要休养6至12周，进而缺席了整个新秀赛季。

随后的2008-2009赛季，奥登终于迎来了生涯首秀，场均14.8分钟贡献3.0分4.2个篮板，出战61场比赛，这是奥登首个赛季交出的尴尬成绩单。他在2009年2月与对手相撞，导致膝盖骨受损，再度长时间缺席。

经历了一个赛季61场比赛的历练，让奥登2009-2010赛季的开局顺利了许多。然而谁也不曾想到，在为开拓者队出战21场比赛之后，悲剧再度发生。

2009年12月，在开拓者队与休斯顿火箭队的比赛中，奥登的膝盖与火箭队后卫阿隆·布鲁克斯相撞，状元郎痛苦倒地退场，这次退场就此成了他在开拓者队的告别演出。之后的连续3个赛季，奥登都是在病床上度过的，他的膝盖总

“大帝”

计接受了5次手术，却依然难觅健康。

2012年3月，开拓者队将奥登裁掉，他总计代表球队出战82场比赛——5个赛季，他恰好出战了一个完整赛季的场次，场均9.4分7.3个篮板1.4次盖帽，这是他留给开拓者队的成绩单。

随后的奥登辗转迈阿密热火队以及CBA，均未能再有所起色，健康成为阻碍他更进一步的拦路虎。2016年10月28日，28岁的奥登宣布退役，结束了他短暂又悲情的职业生涯。目前他回到了自己大学时期的母校，担任球队的助教。

格雷格·奥登若是单从身体天赋的角度审视，无疑是一位旷世奇才。他拥有着标准的NBA中锋的身体尺寸，却同样具备小个子的速度和灵活性。健康状态下，他是联盟顶级防守中锋的最佳模板。然而奥登却完全未能兑现这些天赋，频繁的膝盖伤病让他的生涯在刚刚开端就戛然而止。这样的陨落方式让人不胜唏嘘，健康的奥登以及他可以触达的上限，成为联盟永远的谜。

肖恩·利文斯顿

命途多舛的逐梦天才

我努力奔跑只为追逐上那个被寄予厚望的自己——这句励志却又悲情的语录，支撑着肖恩·利文斯顿走过了他生涯最为灰暗的时光。联盟历史上罕有的大个子控卫，拥有出色的技术和华丽的球风，未来不可限量的利文斯顿，却在生涯第三个赛季遭遇了几乎让他残疾的伤病。尽管涅槃重生，尽管成为勇士的冠军成员，但他却永远没法兑现让人艳羡的天赋。

1985年出生的利文斯顿，高中毕业便宣布参加选秀，身高2.01米、臂展2.11米，技术全面的利文斯顿，被快船队在第4顺位选走。高中时期名满全美的他，被视作联盟下一代顶级控卫，他的身体天赋太好了。

加盟快船队的前两个赛季，因为伤病、位置各种原因，利文斯顿并未完全打出符合预期的表现，但伴随着年龄的增长以及身体力量的增加，他很快崛起。到了2006-2007赛季，利文斯顿已经能场均贡献9.3分5.1次助攻1.1次抢断，投篮命中率达到了46.3%。刚满21岁的他，一步一个脚印地踏上了顶级控卫的成长之路。

然而意外的发生猝不及防——2007年2月，在快船队对阵夏洛特山猫队（现夏洛特黄蜂队）的比赛中，他遭遇到了恐怖的膝盖伤病，几乎断腿的重伤太过触目惊心，NBA官方甚至联系美国的视频网站，下架他的受伤视频。

用彼时现场记者的话说，利文斯顿受伤时的惨叫和随后的呻吟，让整个喧闹的球馆都显得无比寂静。最终的检查结果证明了这是NBA历史上最严重的一次受伤——利文斯顿的膝盖骨完全错位，膝盖的四根主要韧带撕裂了三根，半月板同样未能幸免。不幸中的万幸，利文斯顿腿部后面的动脉没有在重伤中破裂，否则他只能被迫截肢。

BEVERLY HILLS
LA
adidas

经历了16个月的恢复，利文斯顿走向了训练馆，他说：“我感觉我的左腿就像木头做的假腿，没有爆发力，就像废了一样。”

重伤之后，利文斯顿成为不折不扣的流浪汉——被快船队裁掉之后，他先后辗转雷霆队、奇才队、山猫队、雄鹿队、奇才队、骑士队，生涯最巅峰的年龄，他与伤病和流浪为伴。挫折的磨砺之下，他早已不是当年的天才少年，只不过想在NBA的赛场上找到饭碗。

2013-2014赛季，利文斯顿出战了76场，在布鲁克林篮网队他打破“心魔”，成为稳定的轮换。随后史蒂夫·科尔（金州勇士队主帅）将其招致麾下，利文斯顿跟随勇士队5年3夺总冠军，招牌的后仰跳投让联盟无数后卫望球兴叹，尽管早已没了昔日的爆发力和才华，但利文斯顿站在场上，就是对球队最大的激励，更遑论他在流浪之中磨炼出的一招鲜跳投，更是成为错位大杀器。

5年3冠的荣耀让利文斯顿的生涯显得不那么悲壮，但从个人天赋的角度，他没有得到任何的兑现机会，便宣告彻底被摧毁，确实让人无限唏嘘。利文斯顿回来了，他克服历史上最恐怖的伤病，成为总冠军球队的重要轮换，这样的故事励志且美好。但利文斯顿永远回不来了，当他的左膝几乎断开之后，那个天才少年早已陨落。

打破“心魔”

Victo

Klay T

苦寻巅峰

过去几年间，饱受伤病璀璨的顶级球星不在少数。
膝盖、跟腱这些敏感部位的重伤，让他们不复当年之勇。
但沃尔、奥拉迪波、海沃德没有放弃，
他们依旧在苦苦追寻着自己的巅峰，
尽管可能难以如愿，
但勇敢逐梦的脚步永远不会停歇。

John Wall
Oladipo
ompson

克莱·汤普森

两度重伤的汤神还能归来吗

2019年的总决赛于勇士队而言无比悲壮，他们折损了杜兰特，又失去了汤普森。当汤普森因为膝盖重伤轰然倒下之时，库里落寞的背影已经预示了勇士队的未来。只是没人会想到，命运会如此残酷地对待这支王朝之师。刚从膝盖韧带重伤中恢复的汤普森，又遭遇跟腱撕裂的重伤，昔日那个神奇的“汤神”，还能归来吗？

作为一名身体强壮、下盘力量出色的射手，汤普森的生涯极少被伤病侵袭。除了新秀赛季，汤普森每个赛季都出战73场比赛以上，甚至有三个赛季出战80场以上，整体出勤率非常可观。然而大伤却接踵而来。

将时钟拨回到2019年总决赛第6场，彼时的勇士队在杜兰特报销的情况下，依靠“水花兄弟”与猛龙队展开殊死搏斗。第三节临近尾声，汤普森在一次转换进攻的扣篮中落地不稳，随后他痛苦倒地抱着膝盖，库里此时蹲在场地的另外一边祈祷。

汤普森带伤坚持完成罚球，甚至渴望能够在当时就重返赛场。但随后的诊断让所有人心碎——这位生涯大多数

时间都保持健康的射手，遭遇了左膝十字韧带撕裂的重伤。这个篮球运动员梦魇式的伤病会给他带来怎样的影响，没有人知道。

悲剧接踵而至。2020-2021赛季开季之前，已经缺席了一个赛季的汤普森让人备受期待。然而就在休赛期备战的训练中传出了不幸的消息，汤普森在洛杉矶的一家训练馆遭遇跟腱撕裂的重伤，再度宣告赛季报销。

重伤之前，汤普森有过单场14记三分、单节37分、三节60分的神奇表演。得分之外，他稳固的防守更是勇士队不可或缺的重要组成。然而如今膝盖和跟腱连遭大伤侵袭，他回归之后还能有几成功力，尚不得而知。

Klay Thompson

戈登·海沃德

恐怖重伤的他要花几年克服

2017年休赛期，海沃德转投波士顿凯尔特人队，再度联手恩师史蒂文斯，无疑成为NBA世界里最重磅的新闻。这位巅峰赛季场均21.9分5.4个篮板3.5次助攻的小前锋，被视作凯尔特人队挑战詹姆斯的重要球员。然而没有人想到，海沃德却在新东家的首秀中就遭遇重伤。从那之后，这位巅峰期无比璀璨的小前锋，一直在不断追逐那个曾经的自己，他要花多久才能重回巅峰？他还有希望重回巅峰吗？

2017-2018赛季的NBA揭幕战，对于凯尔特人队来说是无比灰暗的。以豪阵姿态誓将詹姆斯拉下马的他们，首战即遭遇重创。新援海沃德在一次起跳落地的过程中，出现了让人不敢直视的恐怖伤病，甚至连转播镜头都不愿意多给一秒，那次伤病太残酷了。

最终，海沃德被诊断为脚踝骨折，仅仅出战5分钟他便赛季报销。比这更为让人沮丧的是，海沃德自此陷入了漫长的恢复之中，他需要克服生理和心理的双重难关，再度走上赛场甚至重返巅峰谈何容易。

2018-2019赛季，海沃德重新回归了赛场，但已不复当年之勇，他场均仅能得到11.5分，完全没有达到“绿军”的期望。随后的赛季，他依旧是不温不火，最终他在2020年的休赛期加盟了黄蜂队。

从“绿军”到黄蜂队，对于海沃德而言，最大的改变在于他再度成为一支球队的头牌，他需要像在爵士队那样拿出全能的表现，才能对得起自己的大合同，才能帮助黄蜂队重返季后赛。赛季出战的前35场比赛，海沃德场均贡献20.7分5.4个篮板4.0次助攻，还曾经拿到过44分的高分。尽管还不算稳定，但身处黄蜂队的海沃德，逐渐开始像昔日爵士队核心的方向迈进。

从2017年的重伤到2020年改换门庭，3年时间，海沃德不断地克服种种不利，不断地追逐昔日的自己，这段攀登的旅程注定艰难，甚至永远到不了终点。

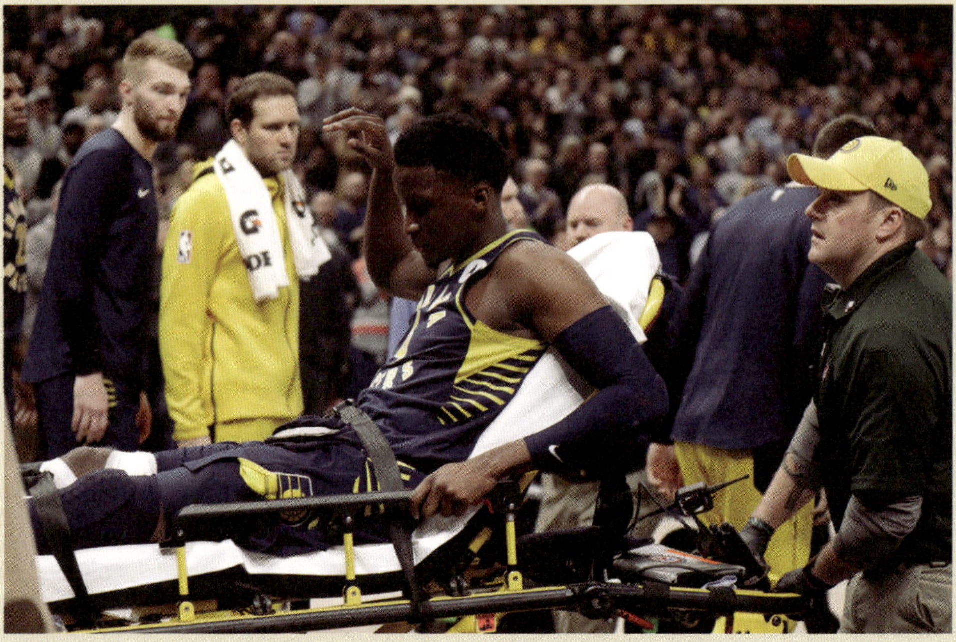

维克托·奥拉迪波

一次重伤让他从领军人变成流浪汉

奥拉迪波的职业生涯，曲折且励志。他在2013年被选中，那年的新秀被视作近些年来最“水”的一届。他在轻视中成长，在成长中屡次被放弃，终于他在印第安纳步行者队这支老派的球队中成为领军人，打出了生涯一次又一次的代表作，却在伤病来到时轰然倒下并被迫流浪。这位习惯于在低谷中爆发来证明自己、打脸质疑者的后卫，还能王者归来吗？

奥拉迪波的伤病发生在2019年1月24日，彼时在步行者队对阵猛龙队的比赛中，奥拉迪波试图完成抢断，却脚下一软痛苦倒地。一旁的队友以及场边的教练、队医迅速意识到这次伤病的严重性，他膝盖非正常弯曲。剧烈的疼痛以及让人不寒而栗的画面，让奥拉迪波落泪。队医、担架很快到来，为了不让膝盖的形变吓到更多人，队医选择用毛巾遮住。至此，步行者队的核心宣告赛季报销，将经历漫长的恢复期。

在此之前，他在步行者队打出了几乎完美的两个赛季，荣膺最快进步球员、季后赛激战詹姆斯，他让被迫送走乔治的步行者队迅速坚定了核心人选，这支小球队又找到了可以陪伴球队、陪伴球迷的基石。

但这次受伤之后，一切都改变了。遭遇右膝四头肌跟腱撕裂的奥拉迪波，一直到次年1月才回归赛场。13场比赛场均13.8分，奥拉迪波再不是那个基石级别的球员了，步行者队在他报销的这一年里，也完成了对于球队重新的梳理和组建。布罗格登、小萨博尼斯以及迈尔斯·特纳，成为他们新的依靠。状态起伏、未来未知的奥拉迪波，逐步失去了他们的信任。直至在2020-2021赛季开局，一场以哈登为主体的大交易中，奥拉迪波被送走加盟休斯顿火箭队。

作为一支重建中的球队，火箭队不需要奥拉迪波，他们更喜欢年轻人和选秀权。作为渴望证明自己的球员，奥拉迪波也不想留在火箭队，他需要更多的胜利去提升身价。交易截止日前他被火箭队交易到热火队，这位昔日的领军人因为一次重伤，将开启流浪的生涯。无论未来在何方，重伤的奥拉迪波都需要证明自己，还是那个无所不能、敢和詹姆斯对飙的超级分卫。

Victor Oladipo

约翰·沃尔

离奇伤病缔造争议领袖

约翰·沃尔曾是华盛顿人复兴的希望，作为2010年的状元秀，以身体天赋著称的他，曾经率领华盛顿奇才队闯入过东部半决赛，他和比尔的组合无限接近冲出东部。但沃尔也是曾让华盛顿人无比失望，他在2017年之后屡屡遭遇伤病，更是离奇地出现跟腱断裂的重伤。在2020年的夏天，他终于被华盛顿奇才队送走，这位争议领袖开启了新的生涯。

身体天赋出众的沃尔，生涯中并没有受过太多影响巨大的重伤。一直到2017年他的膝盖开始出现问题，11月他的左膝不适，随后的治疗导致他错过了9场比赛。

2018年1月，他的膝盖仍然感觉到不舒服，最终他在与主治医师商量之后，选择用手术清理膝盖的积液。此时的沃尔已经变成了“玻璃人”，他接二连三地受伤和手术。2018年12月底，他进行了足跟手术，预计恢复期为6至8个月。

若是将膝盖和足跟全部治疗完毕，他能够顺利回归的话，搭档日渐进步的比尔，奇才队仍然在东部有一战之力。然而养伤期间的沃尔，离奇地遭遇了跟腱断裂的重伤，这是沃尔生涯最重的一次受伤，对极其依赖速度的他来说，堪称毁灭性的打击。

彼时官方给出的说法是，沃尔在洗澡时摔倒导致了跟腱撕裂。这样有些戏剧性的说法，给这次突发的伤病添加了几分神秘的色彩。

在病床上的时间大于在场上的时间，奇才队忍无可忍地与休斯顿火箭队进行了交易，搭上选秀权送走了他们昔日的基石。沃尔的“休城”生涯的健康状况依旧堪忧，打打停停难以保持正常的出勤率。这位巅峰时的东部顶级控卫，似乎与重回正轨渐行渐远，他的未来一片迷茫。

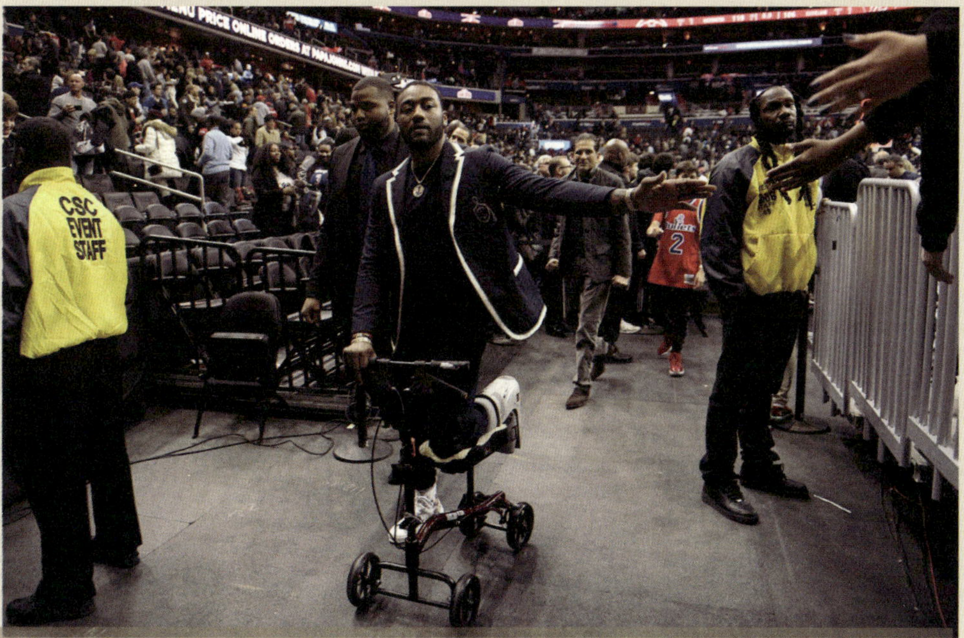

John Wall

克里斯塔普斯·波尔津吉斯

双腿饱受摧残的欧洲天才

波尔津吉斯的意外爆发，一度让纽约尼克斯队看到了希望。这位欧洲天才大个子，在尼克斯队的最后一个赛季，场均能够贡献22.7分6.6个篮板，极其符合现代潮流的打法，让他的上限不可估量。然而膝盖十字韧带的两次撕裂，让他前途未卜。独行侠队豪赌他能成为东契奇的左膀右臂，帮助球队冲击总冠军，至少目前来看，他需要走过的恢复之路还有很远很远。

2018年2月7日，尼克斯队对阵雄鹿队的比赛次节，波尔津吉斯扣篮之后左膝受伤，他表情痛苦地倒在地上，随后退出比赛。与他隔场而立的贾巴里·帕克对这一幕再熟悉不过，上赛季他曾经历过相似的伤病。果不其然，波

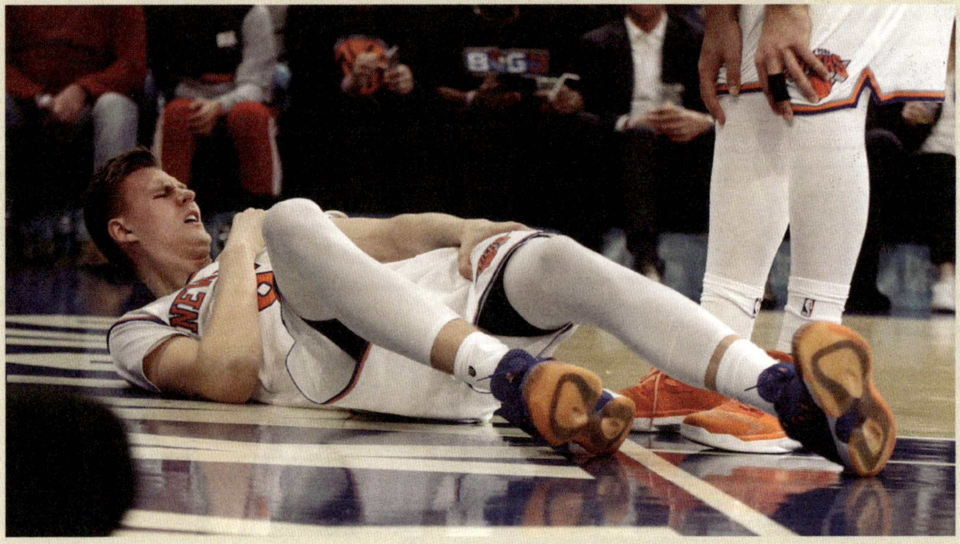

尔津吉斯被诊断为左膝十字韧带撕裂。这个对于很多球员都不陌生的伤病，改变了不少人的职业生涯，贾巴里·帕克就是如此。伤愈之后，这位天才榜眼再未能重振往日巅峰。

养伤的日子里，波尔津吉斯的生涯再度发生了变化，独行侠队孤注一掷的豪赌，希望他能够帮助东契奇冲击总冠军。库班将还在养伤的波尔津吉斯带到了达拉斯。

经历了漫长的康复期重回赛场，波尔津吉斯的表现不温不火，场均19.2分9.5个篮板，距离巅峰时期的效率也有一些差距，更为糟糕的是又一次伤病到来了。

2020年季后赛，2∶3落后的独行侠队收到坏消息，波尔津吉斯右膝半月板撕裂，将无缘接下来的系列赛。两年时间，这位备受期待的欧洲天才，左右两个膝盖都遭遇了极其严重的伤病，对他的生涯影响不可估量。

膝盖的十字韧带、半月板以及跟腱，这些敏感部位的伤病，都会给运动员随后的生涯埋下隐患，不仅是影响速率、爆发力，更会导致球员变得更加容易受伤。

2020-2021赛季复出之后的波尔津吉斯，目前而言还是没有达到人们对他的期望。过去3年时间饱受伤病困扰的他，出勤率极低，错过了大量提升自己的机会。未来他能否达到库班豪赌时期望的高度，极有可能决定独行侠队的建队方向。若是无法有进一步的提升，对于总冠军无比渴望的库班，极有可能再度按下交易的按钮。

Mark

无情病魔

NBA 的世界里不仅有受伤，还有病痛。
相比于那些常见的球场上的受伤，
一些罕见的疾病对于运动员的影响也许更大。
被迫进行心脏手术的杰夫·格林是幸运的，
他及时发现了问题并延续了生涯。
因肺血栓退役的克里斯·波什则是有些悲凉，
早早地结束了自己的职业生涯。
NBA 历史上饱受病痛困扰的球星同样不在少数，
他们需要付出更大的耐心，
甚至需要随时留意自己是否有生命危险的存在。

Jeff Green
ris Bosh
elle Fultz

拉马库斯·阿尔德里奇

带着先天心脏问题打了15年

北京时间2021年4月15日，篮网队的阿尔德里奇突然宣布退役，这位35岁的老将刚刚代表篮网队出战了5场比赛，本以为他能在全新的球队追逐自己的第一个总冠军奖杯，但命运却和他开了个玩笑。

让阿尔德里奇选择退役的原因是他的心脏问题：在4月11日篮网队对阵湖人队的比赛中，他在23分钟的出场时间里拿下12分3个篮板，尽管比赛状态看上去非常出色，但其实他遭遇了心律不齐的问题，这个现象在赛后更加严重，直接导致他缺席了4月14日和15日的两场比赛。

“尽管我现在感觉好多了，但那天晚上的心脏问题仍然是我经历过最可怕的事情之一。”在自己的退役声明中，阿尔德里奇这样描述那一晚的感受。经过了两天的思想斗争，他在4月15日晚间宣布自己决定退役的消息。

事实上心脏问题从出生开始就伴随着阿尔德里奇：刚出生时，阿尔德里奇就一度因为心脏问题被诊断为临床死亡，是医生用尽了办法才把他从死亡线上抢救回来。在阿尔德里奇的NBA新秀赛季，心脏功能缺陷预激综合征再次找上门来，导致他缺席了常规赛最后9场比赛；2011年，阿尔德里奇接受了一次手术来解决心脏病引发的并发症；2017年3月，阿德因为轻微心律不齐被马刺队宣布无限期伤停，坚强的他休息不到两周就再次披挂上阵。

带着心脏问题打了15个赛季，阿尔德里奇已经足够坚强，在距离总冠军最近的时候，做出退役的决定既残酷又无奈。对于这位全明星内线，球迷们能做的唯有送上祝福：再见，阿德！生命高于篮球！

LaMarcus
Aldridge

卡里斯·勒维尔

一笔大交易救了他的命

北京时间2021年3月18日，篮网队对阵步行者队比赛的最后时刻，勒维尔面对旧主不愿放弃，投出最后一个球。彼时仅差1个篮板便可达成三双的哈登，在勒维尔这次打铁不中的“帮助”下完成了三双。有球迷开玩笑说，这是勒维尔在报哈登的救命之恩，这个玩笑实际上有几分道理。

哈登在2020-2021赛季的开端寻求交易，他希望被换到篮网队联手杜兰特，彼时勒维尔是潜在的筹码之一。在哈登连续逼宫之下，休斯顿火箭队按下了交易的按钮，在一笔涉及四方的多人大交易中，哈登如愿加盟篮网队，勒维尔则是去了印第安纳步行者队。

交易之后，勒维尔在步行者队极其缜密的体检中，被发现了左肾部位存在一个小肿块。如果不是大交易便不会有如此缜密的体检，如果没有这样的体检，勒维尔极有可能带着一个随时可能扩散的肿块打完整个赛季，届时后果将不堪设想。

北京时间2021年1月27日，步行者队官方宣布勒维尔成功接受了左肾肾细胞癌的手术，手术后不到两个月，勒维尔在3月14日宣告回归，迎来了自己在新东家的首秀。

这次大交易中，勒维尔无疑成为最大的赢家，甚至用“捡回一条命”来形容都毫不为过。曾经也遭受过恐怖重伤的勒维尔，在篮网队打出了职业生涯的高光表现。如今他成功地克服了恐怖的病魔，在步行者队扬帆起航，再度开启新的生涯。与大多数运动员相比，他虽受到伤病的影响却也足够幸运。无论是此前的重伤，还是这次严重的伤病，他都顺利克服，尤其是与癌细胞说再见的这笔交易，真的足够幸运。

“捡回
一条命”

克里斯·波什

龙王怒吼道出多少辛酸

2019年3月27日，克里斯·波什的迈阿密热火队球衣退役仪式举行，彼时不过35岁的他已经阔别赛场3年。球衣退役仪式的现场，他号召所有球迷与他一起重温经典的怒吼庆祝，美航中心的球馆内，波什解开西服紧握双拳，一如他曾经在这拼杀的无数个夜晚一样，怒目圆睁奋力怒吼。这一晚的怒吼，波什吼出了多少不甘、多少辛酸。

职业生涯11次入选全明星阵容，2次拿到总冠军，波什是热火队三巨头中牺牲最大的那一个。作为多伦多猛龙队曾经的领袖，与詹姆斯和韦德并肩作战，波什需要付出更多干脏活累活的代价。他能里能外的风格以及几乎没有重大伤病的健康状况，本可以让他的生涯延续很久，但意外猝然降临。

2014-2015赛季，波什开始饱受“肺血栓”的困扰。彼时他甚至对媒体坦言，呼吸真的会非常困难，活着就很好。然而作为一名曾经体会过巅峰滋味的运动员而言，告别赛场的决定太过艰难，因此波什仍然在不断尝试。

2016年2月16日，波什又一次倒下，这一次昔日“龙王”没能再回来。肺血栓已经严重影响到了他的身体健康，甚至会威胁到他的伤病。2017年6月，联盟和球员工会出具医疗报告，宣布波什遭遇了终结职业生涯的伤病，至此一代“龙王”再无任何回归可能。

2017年8月，热火队裁掉了波什，这位曾经捧起奥布莱恩杯、以招牌怒吼无数次点燃美航中心的大前锋，并没有倒在传统意义的重伤之下，而是被肺血栓折磨直至告别赛场。球衣退役仪式上，那个怒吼的波什仿佛在诉说着，他是何等渴望在这里披上战袍，何等渴望回归赛场再度拼杀。

CHAMPIONS
Chris Bosh

马克尔·富尔茨

天才状元怪病缠身命途多舛

NCAA时期的富尔茨，绝对是巨星级别的存在，场均23.3分5.9个篮板6.0次助攻1.6次抢断1.2次盖帽。大一新人打出如此亮眼的数据，富尔茨完成了极致的个人荣誉收割，并毫无悬念地以状元身份加盟76人队。

然而富尔茨的NBA生涯遍布荆棘——首个赛季仅打14场便高挂免战牌，随后的2018-2019赛季更是仅仅登场19次。两个赛季33场比赛，比这更让人担忧的，则是富尔茨在场上时常出现的怪异动作，肩膀不自主地抖动，怪异的行为以及极低的出勤率，让他的未来一片阴霾。随后不久，他的神秘伤病被揭开了面纱。

76人队在2018年官方宣布，富尔茨患上了经源性胸廓出口综合征（Neurogenic Thoracic Outlet Syndrome），这个怪病会让富尔茨的肌肉“失忆”，简单说便是忘记如何投篮。大学时期外线投射稳定的他，NBA前两个赛季罕有三分球出手。

怪病折磨之下，富尔茨迟迟不能兑现天赋，76人队只能无奈地将其送走。加盟魔术队之后，富尔茨一边通过更多的比赛提升自己，一边不断地通过各种手段让自己逐步摆脱怪病的阴霾。

尽管他的投射依旧不稳定，尽管他依然未能达到昔日的预期，但凭借出众的身体天赋，以及在防守端的稳定表现，他获得了魔术队三年5000万的续约合同，涅槃重生的状元让人无比期待。

然而命运此时又跟富尔茨开了个玩笑，好不容易逐渐克服了怪病，他又遭遇膝盖十字韧带的重伤，2020-2021赛季报销。

从备受期待的天之骄子，到两赛季33场的饱受质疑，从克服怪病涅槃重生，再到膝盖重伤又一次淡出人们的视野，天才富尔茨的职业生涯起步遭遇了可以预见的所有泥泞。

Markelle
Fultz

杰夫·格林

心脏停跳75分钟却难阻热爱

Jeff Green

杰夫·格林的生涯履历表里，2011-2012赛季是刺眼的空白。勤勤恳恳的劳模绝大多数赛季都保持着极高的出勤率，但在那个赛季，他不得不接受一个让自己心脏停跳75分钟的手术，以延续自己的生涯，或者说延续自己的生命。

生涯起步于西雅图超音速队，杰夫·格林在场上的表现，从来都不会让人担心。稳定的投射、十足的拼劲、不俗的持球能力，让他无论是在雷霆队还是“绿军”，都能被委以重任。

然而命运却在此时跟杰夫·格林开了个玩笑——在一次例行检查中，杰夫·格林被查出主动脉瓣扩大，必须要做心脏搭桥手术，否则他就将结束职业生涯。

整个手术持续了5个小时，杰夫·格林的心脏停跳了75分钟。随后他开始了比手术过程更为痛苦的复健：“手术时仿佛一把电锯在割裂我的肋骨，那种疼痛刺穿了我的整个神经系统。经过那种极致的痛苦之后，我不得不重新训练我的肺部，基本上就是一切都从头再来。训练让自己深呼吸一次几乎是最难的事情，这就是为什么我告诉人们，复健过程就像婴儿一样。‘第一次呼吸’对我来说是世界上最困难的事情。”

鬼门关走一遭的杰夫·格林，顽强地重新回到了球迷的视野之中。随后的岁月里，他几乎没有长时间的缺席比赛，保持着绝佳的竞技状态。

如今他已经是超过34岁的老将，依旧活跃在联盟之中，并时不时地用一记暴扣宣示着曾经的他是多么天赋异禀。他携手自己的老队友杜兰特和哈登，又一次走在冲击总冠军的征程中。

埃尔文·约翰逊

神奇魔术师战胜艾滋病

1991年，保险公司审核埃尔文·约翰逊的投保单，并对其进行全面体检。最终的结果改变了约翰逊的人生，甚至改变了整个NBA的历史进程——“魔术师”被诊断出染上了艾滋病。彼时的他，刚刚帮助美国男篮拿下巴塞罗那奥运会的冠军，作为联盟中最具影响力的巨星之一，这样意外事件的发生，给全联盟带来地震级别的效应。

随后“魔术师”约翰逊宣布退役，32岁正值生涯巅峰期的他，只能无奈地告别篮球，告别自己足够辉煌但可以更加辉煌的生涯。

随后他开始了漫长的与病魔抗争的历史，NBA官方也出台了相关条例，包括出血的运动员必须经过止血的治疗才能登场，最大程度的规避风险。始终保持着乐观的态度，加上各种先进的医疗用药的加持，让约翰逊奇迹般地克服了艾滋病毒。

1997年的检查中，医生宣布他的体内已经找不到艾滋病毒。值得一提的是，1995-1996赛季，彼时已经严重发福的约翰逊，选择复出重新回到赛场。彼时他打了32场比赛之后再度退役，这位第一次退役便带着5次总冠军和最年轻FMVP光环的天才球员，若不是被意外中断了职业生涯，他的上限和生涯成就不可估量。

Earvin Johnson

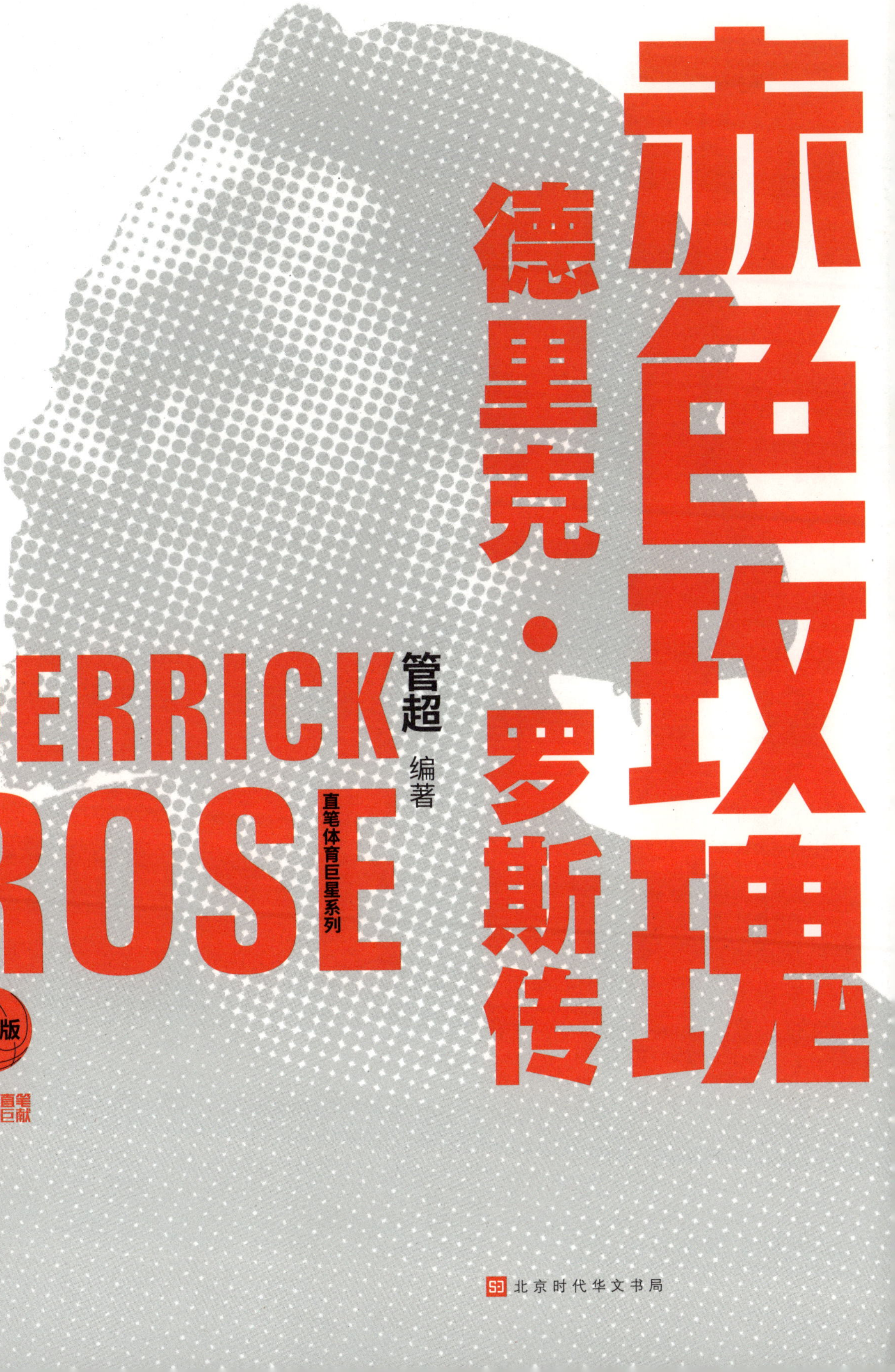

赤色玫瑰

德里克·罗斯传

DERRICK ROSE

管超 编著

直笔体育巨星系列

典藏版

ZB 直笔巨献

北京时代华文书局

图书在版编目（CIP）数据

赤色玫瑰 ：德里克·罗斯传 / 管超编著. -- 北京 ：北京时代华文书局，2021.6
ISBN 978-7-5699-4167-8

Ⅰ. ①赤… Ⅱ. ①管… Ⅲ. ①德里克·罗斯—传记 Ⅳ. ①K837.125.47

中国版本图书馆 CIP 数据核字（2021）第 086479 号

赤色玫瑰：德里克·罗斯传
CHISE MEIGUI DELIKE LUOSI ZHUAN

编 著 者 | 管 超

出 版 人 | 陈 涛
选题策划 | 董振伟 直笔体育
责任编辑 | 周连杰
执行编辑 | 王 昭 马彰羚
责任校对 | 陈冬梅
装帧设计 | 程 慧 段文辉
责任印制 | 訾 敬

出版发行 | 北京时代华文书局 http://www.bjsdsj.com.cn
北京市东城区安定门外大街 138 号皇城国际大厦 A 座 8 楼
邮编：100011 电话：010-64267955 64267677
印 刷 | 小森印刷（北京）有限公司 010-80215073
（如发现印装质量问题，请与印刷厂联系调换）
开 本 | 710mm×1000mm 1/16 印 张 | 22 字 数 | 350 千字
版 次 | 2021 年 6 月第 1 版 印 次 | 2021 年 6 月第 1 次印刷
书 号 | ISBN 978-7-5699-4167-8
定 价 | 88.00 元

德里克·罗斯
DERRICK
ROSE

目录

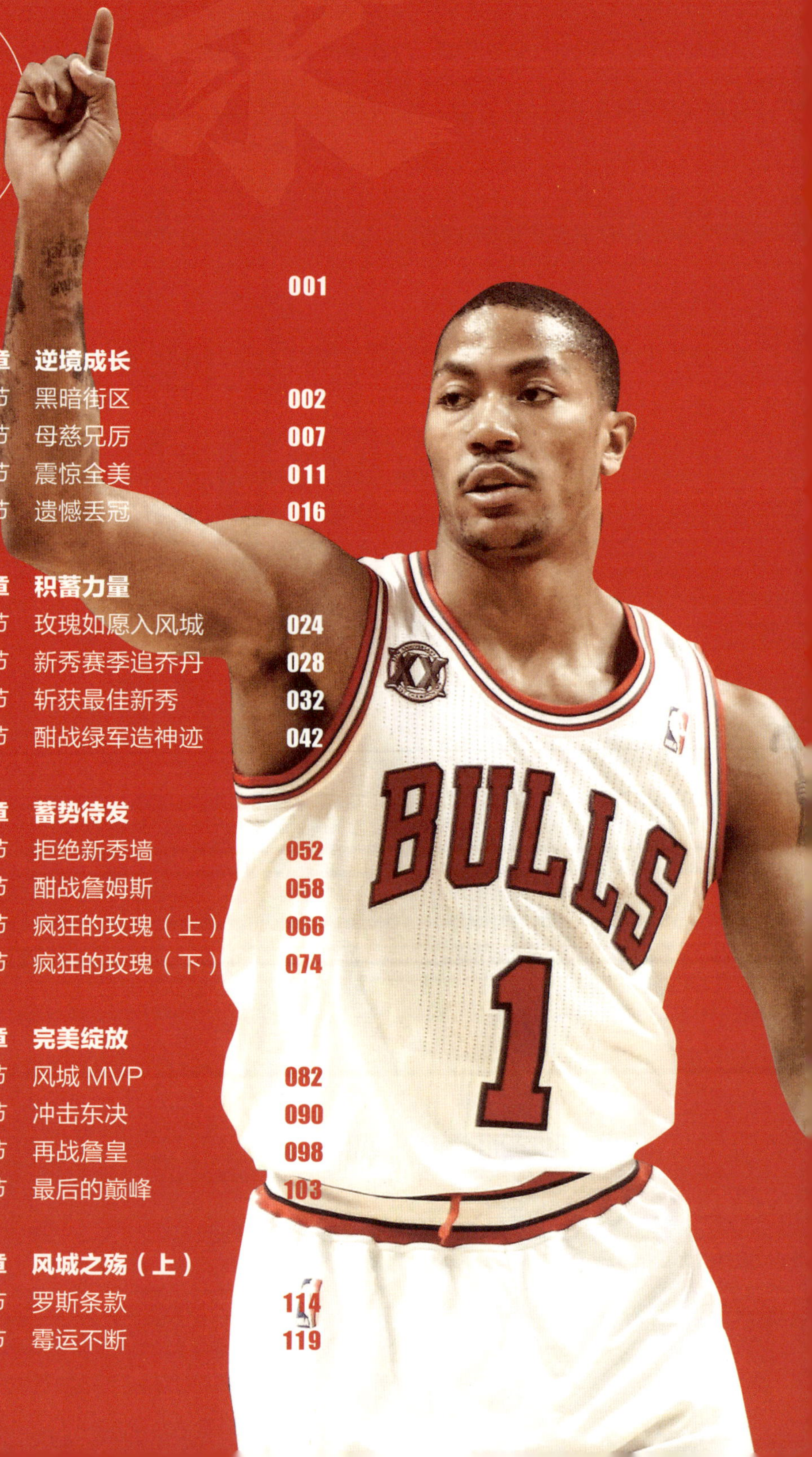

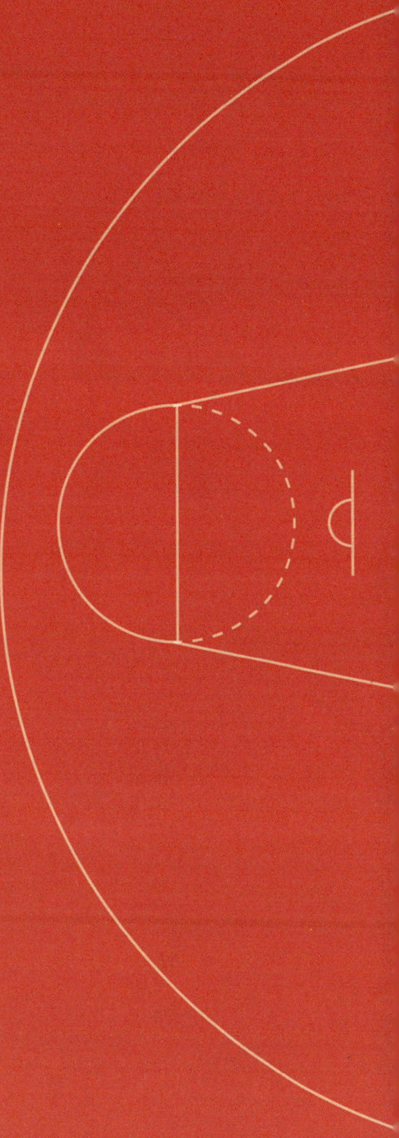

SQUARESPACE
NEW YORK
4

开篇

德里克·罗斯的故事远比永不凋零精彩。

当时光列车驶向2021年，德里克·罗斯仍然继续着自己逐梦的脚步。眉眼间的傲气似乎随岁月的侵蚀消散，但浑身的傲骨让他不接受就此沉沦。于是他和主帅凯西（活塞队主教练）敞开心扉，坦言双腿已经无法承受太久的消耗，让他去追逐季后赛的梦想吧。

于是，罗斯又一次和汤姆·锡伯杜重逢（尼克斯队主教练、曾于公牛队和森林狼队执教罗斯）。不朽的玫瑰又一次踏上了追梦的征程，这一次他是为了生涯中为数不多的季后赛机会，他要再搏一次。

此时距离他第一次拿到MVP已经过去10年，10年间罗斯精神层面催生的感动，远比赛场之上带来的震撼要多。数次大伤仍难灭他的不屈斗志，50分之夜感天动地都足够催泪。篮球圈里，“永不凋零”四个字似乎可以与德里克·罗斯画上等号。

然而，他璀璨的生涯又岂是这简简单单的四个字能够概括的？

他曾睥睨天下，不满23岁登上MVP宝座，收获极致的个人荣誉；

他曾独步联盟，悬停上篮、变向突破演绎炸裂天赋，无人能出其右；

他曾一身傲气，拒绝抱团独斗三巨头，演绎热血的个人英雄主义。

这些让人热血沸腾的画面恍如隔日，却又好似遥不可及。时间层面，这不过是过去了10年而已。但站在罗斯生涯的角度回溯，他所经历的挫折、变故和挣扎太多太多，让这些画面显得那么遥远。

命运从2012年开始，将所有的泥泞沼泽都放到了他前进的路上，他的膝盖一次次地被伤病摧残，他的天赋一点点地被上帝收回。他一次又一次的不屈的抗争，换回的是一次又一次的更为沉重的打击。上帝将他馈赠给罗斯的礼物全部收回，那一身傲骨除外。

于是，我们在接下来的时光中，看到了这样的罗斯——他独自扛下了从天之骄子到泯然众人的巨大落差；他拒绝沉沦，从底薪球员再度一次次成为联盟的焦点，依靠实力而不是情怀；他眉眼间的傲气逐渐藏起，但一身傲骨支撑着他王者归来。尽管他永远不可能到达人们期望的巅峰，但顶着残破的膝盖塑造的后公牛生涯，已经足够让人血脉偾张、脱帽致敬。

这些故事远比“永不凋零”四个字来的沉重，当旁观者都对他生涯的大起大落和颠沛流离感叹时，当事人罗斯承受了怎样的落差无人知晓。他顶着这样的落差重新打了出来，甚至打出生涯代表之夜、数次演绎大心脏绝杀、又一次成为球队的核心。

巅峰时他一身傲气，欲与天公试比高，每个夜晚他都肆意地彰显着自己的天赋，他是那么璀璨、那么夺目。

低谷时他不失傲骨，忘却MVP的辉煌甘做替补、忘却一步腾飞的天赋，硬生生地从数次大伤的摧残之中重新振作。

即便是我们将目光离开NBA，放眼全球体育史，顶级水平的运动员中，也罕有罗斯这般落差以及从低谷中爬出的传奇经历，这样的罗斯岂是永不凋零可以描绘的？

这便是罗斯的魅力——

他的魅力在于，巅峰时他是如此传奇，NBA茫茫历史中最年轻的MVP，这是何等璀璨的荣耀和经历；

他的魅力在于，低谷时他是如此不屈，让人望而生畏的人生大起大落，他用云淡风轻的几年时光默默承受直至王者归来。

他的魅力在于，巅峰时或者低谷时他都是罗斯。盛名之下却能保持如水般平静的外表和内心；起落之中他能看淡人生悲喜，永远做自己的超级英雄。

若干年后，当我们回忆起罗斯，我们理应记住，篮球层面他是如此有天赋——大伤前飞天遁地无所不能，大伤后仍有出色的终结能力和敏锐的空间判断，以及伴随他整个生涯的天生大心脏；我们理应记住，精神层面他是如此有魅力——坐看庭前花开花落，以不屈的意志书写了一部不馁的史诗。

这便是德里克·罗斯的故事，它远比永不凋零精彩。

TIGERS
MEMPHIS
23

第一章·逆境成长

ROSE

第一节 黑暗街区

纵观许多NBA本土球星的成长史，会发现充斥着未曾谋面的父亲、勤勉的单身母亲、暴力的街区和聊以慰藉的篮球，而对出生于芝加哥英格伍德街区的**德里克·罗斯**而言，他可谓样样不缺。

生于忧患

芝加哥的英格伍德是全美知名的暴力街区。在2017年曾有统计，芝加哥人口连续3年呈下降趋势，3年间总人口减少近1.4万，其中主要是非裔居民。他们大多聚居于英格伍德、西英格伍德和奥斯丁这三大黑人区。

据芝加哥大学统计，在2017年之前的15年间，仅英格伍德就发生了4282起枪击案。在这里，几乎每天都能听到枪击声和警笛声，周围人早已见怪不怪。

1988年10月4日，罗斯就出生在这里，由母亲布伦达独自抚养长大。他是家里最小的男孩，上面还有3个哥哥，分别是德维恩（大他16岁）、雷吉（大他14岁）和阿兰（大他7岁）。布伦达在小儿子刚出生时就动了搬家的念头，毕竟当地单亲妈妈众多，且大多放任孩子们在外面闲逛，风险极大。

布伦达不是唯一动了搬家念头的人。从2000年到2015年，三大区总人口流失已达5万左右，搬家似乎成了当地居民脱离苦海的唯一选择。

德里克·罗斯在接受常规赛 MVP 颁奖时拍摄的全家福照（从左至右依次为：二哥雷吉、罗斯、母亲布伦达、三哥阿兰、大哥德维恩）。

但碍于经济窘迫，布伦达始终没能离开，也就此过上了提心吊胆的生活。曾经，只要听见街头有响动，布伦达就会第一时间冲出房门，将孩子们拉回家。罗斯后来回忆故乡时也说过：“每次在红绿灯前停下来四处张望，你总会觉得有人在偷偷靠近你。为何总会发生这种事，我真心不明白。你总在担心：今天是否是我的最后一天？”

甜蜜之家

据布伦达介绍，他们一家是1973年搬迁到英格伍德的，起初住在狮子街3号，可谓家徒四壁。罗斯的二哥雷吉回忆称，他们兄弟4人很早就抱团，生为幼子的罗斯总是最受照顾。罗斯的大哥德维恩则感慨称，成长过程中有太多负面因素，危险总是守候在家门口，而他厌倦于将自己和贫穷、失业等字眼联系起来。

在英格伍德成长，罗斯的大哥和三哥也不可避免地沾染上一些不良习气，但对于家里最小的弟弟，哥哥们却打定主意要让他出淤泥而不染，永远保持一颗童真的心。曾经，因年龄幼小而不辨是非的罗斯，也想要追随哥哥们的脚步，吵嚷着要和哥哥们一起混迹街头。但每到此时，往日和蔼可亲的哥哥们却都会立刻变换神色，一脸严肃地告诉年幼的罗斯：“这些不是你该做的，你要做的是去学校上学，去参加体育运动，因为体育是你唯一的出路。”

橙色的精灵

罗斯的三个哥哥都喜爱篮球，都是公牛队的铁杆球迷，天赋也都不错，二哥雷吉还曾是篮球教练。他们也很早就将这份对篮球和公牛队的热爱，深

CHICAGO BULLS

童年时期的罗斯身穿印有公牛队标志的外套。

深植入了幼小的罗斯的心灵中。哥哥们将罗斯带上篮球场，且很快惊异地发现，他们的小弟弟才是全家篮球天赋最出众的。通常他们三兄弟都需要长时间训练才能掌握的高难度动作，罗斯却能很快学会。对罗斯而言，篮球就好比橙色的精灵。

母亲布伦达也得知这一切，她虽然对篮球一窍不通，但做出了最明智的选择，将罗斯交给三个哥哥来培养。此后，哥哥们就在罗斯的生活中扮演了多重角色，既是篮球启蒙恩师，又是对他无微不至的大哥，还是可信赖的保镖。在哥哥们的保护下，罗斯的生活简单到无趣，学校、家里和球场三点一线，日复一日，年复一年。

多年后，谈到出生于英格伍德的自己为何能远离麻烦，罗斯说："也许是因为我足够聪明吧。"说完，他笑了，因为他深切明白真正的原因是什么。

正所谓"天将降大任于是人也，必先苦其心志，劳其筋骨，饿其体肤"。许多NBA球星都有相似的经历，早年的艰难困苦如同穿在身上的破衣裳，阳光照耀也会闪闪发光。篮球是他们的避风港，是旅途中的小屋，是荒漠中的甘泉。而家人的陪伴则如同一把大伞，替他们挡住风霜雪雨。

第二节 母慈兄厉

“小荷才露尖尖角，早有蜻蜓立上头。”随着罗斯在芝加哥球场声名鹊起，他也得到广泛的关注，各路球探们蜂拥而来，想要一睹这位**天才篮球少年**的风采。

强硬第一步

尽管英格伍德街区在全美臭名昭著，但回首往事，罗斯却该感谢芝加哥各地的球场，他在那里迈出了篮球生涯的第一步。在风之城的街球场上，所谓犯规是不存在的，规则的极度宽松造就了野蛮粗鲁的球风。而每天充斥球场的强硬犯规，对罗斯而言也是稀松平常，他也借此打下了扎实的基础。

罗斯被三个哥哥所发掘出的篮球天赋也得到充分展现。据传，还不到10岁的罗斯，就能够在一对一中让哥哥们成为手下败将，并让各路球探们将一张张名片塞进自己的手中，甚至有的球探还会亲自前来，叩响罗斯家的房门。

面对如潮的赞美还能保持清醒冷静的头脑，这样的人是不同凡响的，罗斯的母亲布伦达就是这样一位女性。在芝加哥当地，走出了不少日后在NBA名声大噪的巨星，比如“微笑刺客”以赛亚·托马斯、“狼王”凯文·加内特、“浓眉哥”安东尼·戴维斯，但也有不少曾经的天才最终泯然于众。而让布伦达引以为戒的，就是芝加哥当地一位被埋没的天才罗尼·菲尔茨。

罗斯与三个哥哥一起拍摄合影。

引以为戒

菲尔茨何许人也？如今的球迷或许对他很陌生，但当年在芝加哥，他却是家喻户晓的人物。坊间流传着许多关于菲尔茨的传说。有人称菲尔茨在高中时就能完成罚球线起跳扣篮，因为他的存在，文斯·卡特竟一度不敢参加全美高中扣篮大赛。而且，菲尔茨的垂直弹跳达到1.27米，不但超过了卡特（1.09米），甚至还超过了乔丹（1.16米）。还有人称，菲尔茨曾在高中时和加内特“斗牛”，结果加内特以1：11惨败。

但1996年2月26日的一场车祸，导致菲尔茨脖子严重受伤，不得不戴上护具。他的篮球生涯也因此急转直下，甚至1998年参加NBA选秀，他竟名落孙山，一度只能混迹于次级别联赛。

当然，从菲尔茨的遭遇中，人们并不能得出“将天才篮球少年过早推向社会，会影响其篮球生涯”这样的结论，但这也让布伦达深刻体会到，若想让儿子成功兑现天赋，走向他应该到达的彼岸，需要加倍呵护。因此，不管球探们提出多么优厚的买断条件，都被布伦达一一回绝。她不愿罗斯脱离自己的视线，希望凭借自己的努力，让罗斯茁壮成长。

“绝情”兄长

罗斯的家人都为他倾注了巨大心血，配得上鲜花和掌声的并非只有布伦达。曾经，观看罗斯所在的AAU（美国业余体育联合会，主要面向全美的年轻运动员，他们可以在这里的球队登记，并参加AAU联赛）球队比赛的球迷们总会发现，该队教练对罗斯总是苛刻到不近人情，每场比赛都会冲着罗斯大吼大叫，甚至在罗斯体能亮起红灯时，依然让他继续留在场上。但每当不知情的球迷对此怨声载道时，身边人总会提醒他："省省吧，那个教练是罗斯的二哥雷吉。"

雷吉后来曾打趣说："如今德里克看向我的眼神还充满着控诉，貌似我过去对他还不够狠。曾经，德里克对我们的做法也有些抵触，但当他打败了那些比自己年长的对手时，他才明白我们的良苦用心。"

这样的罗斯，已准备在更高的舞台上锤炼自己了。或许，现役NBA球星、罗斯在AAU联赛的队友埃里克·戈登的评价，最能代表当时人们对罗斯的评价："德里克就是最具天赋的后卫，若你连他都不喜欢，我还能和你聊什么？"

罗斯与埃里克·戈登曾经效力过同一支AAU球队。

第三节 震惊全美

2003年，罗斯加盟芝加哥当地的西米恩高中，篮球生涯迈上新台阶。或许正从这一刻，NBA对他来说也变得触手可及了。

西米恩高中是坐落于芝加哥南郊的一所名校，走出了多位NBA球迷耳熟能详的球员，除罗斯外，还有尼克·安德森（曾在1995年随魔术队打入总决赛）、贾巴里·帕克（2014年NBA榜眼秀）、鲍比·西蒙斯（2004-2005赛季NBA进步最快球员奖得主），以及如今热火队球员肯德里克·纳恩、湖人队球员塔伦·霍顿·塔克等。

西米恩高中最令人扼腕叹息的篮球天才，是昵称为“Benji”的本·威尔逊。他曾在1983-1984赛季率西米恩高中夺得校史首个州冠军，并被ESPN评为全美最佳高三球员，球迷赠其绰号“空中魔术师”。结果，1984年11月29日，威尔逊在一场纠纷中被枪杀，年仅17岁。为缅怀威尔逊，罗斯在高中选择了**25号球衣**。

本·威尔逊

罗斯在高中时期选择了25号作为球衣号码。

高中时期的罗斯在比赛中突破扣篮。

场均**18.5**分

6.6 次助攻

4.7 个篮板

2.1 次抢断

24 胜 **1** 负

高一赛季

CHICAGO

西米恩风暴

此时一个问题摆在罗斯面前。时任西米恩高中男篮主教练的鲍勃·汉布里克从未让高一新生升入成年校队，此次也不打算对罗斯开恩。

正所谓“今天你对我爱搭不理，明天我让你高攀不起”。高一赛季，罗斯以场均18.5分6.6次助攻4.7个篮板2.1次抢断的表现，率队夺得芝加哥市冠军，单季豪取24胜1负。在强大舆论压力下，汉布里克的态度也有些松动，允许罗斯随成年队参加州锦标赛，却被罗斯一口回绝。

直到汉布里克教练下课，罗伯特·史密斯上任，罗斯才终于升入校队，而大家早已望穿秋水。罗斯的校队首秀，球馆座无虚席，挤满了各高校的球探和教练。结果，罗斯不负众望，砍下22分7个篮板5次抢断，满座皆惊。

在高三和高四赛季，罗斯如开闸的洪水倾泻而下，率队蝉联芝加哥公立联盟冠军，并成为首个连续夺得伊利诺伊州冠军的芝加哥公立高中。高四赛季，罗斯场均得到25.2分9.1次助攻8.8个篮板3.4次抢断。

各项荣誉纷至沓来。他连续3年被《Parade》杂志选入全美最佳阵容。2007年他迎来大丰收，《Parade》和《今日美国》不约而同将他选入全美最佳一阵，同年他还入选麦当劳全美最佳阵容，被评为伊利诺伊州篮球先生，受邀参加乔丹品牌经典赛和耐克篮球峰会。两年后，《ESPN RISE》杂志评选10年来最出色的高中控卫，他高居第三，仅次于克里斯·保罗和T.J.福特。

鏖战詹宁斯

罗斯高中生涯最值得铭记的比赛，自然就是2007年初率队挑翻橡树山高中了。比赛前两周，西米恩高中刚在麦迪逊广场花园以51：53不敌肯巴·沃克（现役明星控卫）领军的莱斯高中。送走了沃克，罗斯又迎来全美高三球员排名第六、控卫排名第一的布兰顿·詹宁斯（后来在NBA菜鸟赛季曾单场轰下55分）。

比赛开局，罗斯连续失误，西米恩高中一度以8：15落后。但这不过是罗斯表演的序曲。此后，他化身全能战将，既能如穿花蝴蝶般从斜刺里杀出，在空中对抗后扭成麻花，将球送入篮筐，也能在三分线外张弓搭箭，还能送出妙到毫巅的传球。他的爆发让西米恩高中满盘皆活，上半场就以40：30反超。

下半场，罗斯越战越勇，全场18中9，拿下惊人的28分8个篮板9次助攻，

高中时期的罗斯参加训练营时与梅奥、乐福和比尔·沃克的合影。

率队以78：75获胜，而詹宁斯全场19分全部来自下半场。终场前眼看大势已去，詹宁斯被换下，还用球衣包住头，痛哭失声。这也是橡树山高中该赛季唯一的败仗（41胜1负）。

赛后，知名选秀网站“Draft Express”直言：“罗斯和全美高三顶级控卫詹宁斯的对决有些令人失望。罗斯统治全场，詹宁斯却一度颗粒无收。正是罗斯的神勇表现，率领身高和天赋都不占优的西米恩高中，击败了全美排名第一的橡树山高中，罗斯富有传奇色彩的高中生涯也由此翻开崭新一页。”

坊间流传一则趣事，称史密斯教练对爱徒赞不绝口，但也认为罗斯有些无私过头了。为此，史密斯教练定下一条奇葩规矩：若罗斯某场比赛出手少于10次，全队都要受罚，要在训练中绕场跑圈。此规矩一出，不想挨罚的队友们纷纷在比赛中计算罗斯的出手数，若未到10次，甚至会冲着罗斯大喊：“快投啊，不够10次呢！”

如一列火车，罗斯的篮球生涯轰隆向前，下一站将是孟菲斯大学。

高中时期的罗斯在对阵橡树山高中的比赛中运球突破。

第四节 遗憾丢冠

罗斯和**孟菲斯大学**是一段命中注定的缘分，尽管二者的缘分并未持续太长时间。

名师出高徒

时任孟菲斯大学主教练的是NCAA名帅约翰·卡利帕里，他是在观看了一场罗斯的AAU比赛后伸出橄榄枝的。但像罗斯这样的高中才俊，又怎能没有其

罗斯与时任孟菲斯大学男篮主教练约翰·卡利帕里。

大学时期罗斯在训练中与队友罗伯茨对位。

他追求者？印第安纳大学和伊利诺伊大学也都发动了猛烈攻势，后者甚至搬出罗斯在AAU联赛的好友兼队友埃里克·戈登。

早年间，罗斯曾和戈登相约在同一所大学效力，但少不更事时的约定岂能抵得过世事的变迁？后来，戈登选择了印第安纳大学，罗斯也不改初衷。据悉，罗斯之所以选择孟菲斯大学，是看中该校总能将本校学生送入NBA，同时也受到了NBA名宿罗德·斯特里克兰的点拨。如今，后者更多以“欧文教父”的身份被人铭记。

孟菲斯大学欢天喜地将罗斯迎进门，再搭配两位高年级生乔伊·多西和道格拉斯·罗伯茨，在季初便演绎了何为“行家一出手，就知有没有”。2007-2008赛季前26场，孟菲斯大学令人咋舌地保持全胜，25年来首次成为全美第一，直到2008年2月以62：66不敌田纳西大学，才结束了这段疯狂的旅程。

最终，孟菲斯大学以常规赛33胜1负，夺得C-USA赛区冠军的傲人表现，跻身2008年NCAA锦标赛，荣登南区一号种子。罗斯场均得到14.9分4.7次助攻4.5个篮板，他的荣誉簿上也记下了以下内容：入选全美最佳阵容三阵，入选鲍勃·库西奖和约翰·伍登奖候选名单。

完爆奥古斯丁

从高中开始，罗斯就是攻守一体的球员，他如同磁石一般，引得各路好手纷纷想和他搭档。进入孟菲斯大学，在卡利帕里教练的调教下，罗斯既是领袖、进攻发动机，同时也是外线防守大闸，而他在防守上的意图也博得了越来越多人的赞赏。

很快，罗斯就在八强赛中好好秀了一把防守。该赛季，德克萨斯大学是夺冠热门，该队的领军者正是凯文·杜兰特的昔日队友D. J. 奥古斯丁。

罗斯 NCAA数据

球队	赛季
孟菲斯大学	2007-2008

出场	40
首发	39
场均时间	29.2
投篮命中率	47.7%
场均命中	5.2
场均出手	10.9
三分命中率	33.7%
场均三分命中	0.9
场均三分出手	2.6
罚球命中率	71.2%
场均罚球命中	3.7
场均罚球出手	5.1
场均篮板	4.5
场均前场篮板	1.4
场均后场篮板	3.1
场均助攻	4.7
场均抢断	1.2
场均盖帽	0.4
场均失误	2.7
场均犯规	1.7
场均得分	14.9

结果，这场明星后卫的对决，竟成了一年前罗斯和詹宁斯之战的翻版。面对比自己更高更壮的罗斯，奥古斯丁完全暴露了“阿喀琉斯之踵”，全场尽管得到16分，但18投仅4中，仅助攻3次却有4次失误，罗斯则不费吹灰之力地拿下21分9次助攻。下半场长达15分30秒的时间内，在罗斯的防守下，奥古斯丁只有可怜的2分入账，无奈地看着对手一骑绝尘。

赛后，谈到罗斯的表现，奥古斯丁连说了三遍“掌控”：“他掌控了篮球，他掌控了比赛，他掌控了他的球队。”《今日美国》在谈到奥古斯丁时也用了三个“没有”：“他没有进攻，没有防守，没有任何办法。”

罗斯与奥古斯丁在NBA比赛中对位。

随后，罗斯又取得25分9个篮板，率队以85：67大胜UCLA队，挺进NCAA决赛。UCLA队名帅本·霍兰德盛赞罗斯：“说实话，德里克真让我想起了杰森·基德。他有基德一样的身体，能碾压对手。他还有着基德式的防守，同时他的投篮还更出色。”

可惜的是，尽管罗斯在决赛中17投7中得到17分6个篮板7次助攻，但他错失关键罚球，被堪萨斯大学队拖入加时赛，以68：75告负，而这仅是孟菲斯大学在该赛季输掉的第2场比赛，单季38胜则刷新了NCAA纪录。

同年，罗斯宣布参加2008年NBA选秀。虽然相处时间短暂，但卡利帕里教练谈到爱徒，仍会动情地表示：“在你的生涯中，总有一些球员会让你安静地坐下来，无话可说，德里克就在重复做着这样的事。若你问：‘他到底是怎么做到的？’我只会回答你：‘坐下来，看球吧，别废话。’”

NCAA 决赛输给堪萨斯大学，
伤心的罗斯难掩失落。

SPALDING
BULLS
66

第二章・积蓄力量

ROSE

第一节
玫瑰如愿入风城

作为土生土长的芝加哥人，罗斯是不习惯离开“风之城”的。儿时对于红色公牛队的热爱，早已让为家乡球队打球的愿望化为轻风，潜入了他无数个难以成眠的夜晚。而2008年选秀，他充分诠释了**“梦想还是要有的，万一实现了呢”。**

家乡球队的召唤

在宣布参选时，罗斯说：“我在NCAA唯一的目标就是帮孟菲斯大学拿到冠军，如今对于能有机会进入NBA打球，我也很兴奋。我会努力成为最好的球员和最出色的人。”

罗斯不是2008年选秀大会唯一的状元热门，迈克尔·比斯利也是来势汹汹。身为大一新生的他场均砍下26.2分12.4个篮板，在NCAA史上的大一新生中分别高居第三和第二，同时夺得该赛季NCAA篮板王。此外，他还当选Big12赛区最佳球员，入选该赛区最佳一阵和全美最佳一阵，入选奈·史密斯奖和约翰·伍登奖的候选名单。

但经过一番考虑后，公牛队还是对罗斯发出了召唤：“回家吧。” 罗斯借此成为继勒布朗·詹姆斯后，又一位被家乡球队选中的状元秀。此外，他是公牛队史上第二位状元秀，上一位是1999年的埃尔顿·布兰德。

2008 年选秀大会开始前，罗斯接受媒体采访。

据悉，相比于比斯利的得分和篮板能力，公牛队更看重罗斯的组织能力。时任公牛队总经理约翰·帕克森透露：“我们的确就此讨论过很多。当我们做出决定时，是全体人员，包括球探、教练和我达成了一致的。这和比斯利的天赋无关，我们只是觉得这是适合我们的发展方向。”

比斯利和O.J.梅奥分别在第二和第三顺位，被热火队和森林狼队选中（梅奥随即被换到灰熊队），前三顺位中选的都是大一新生，这在NBA选秀史上也是头一次。

风城奇缘

从在英格伍德街区降生，到进入西米恩高中，罗斯始终没有离开过芝加哥，这里的一花一草一木早已融入他的血脉，对家乡的眷恋也在他体内随着心

约翰·帕克森（中）目前仍在公牛队任职。

脏一起跃动。仅在孟菲斯大学待了一年就迫不及待回归，谁又能说这不是命运的安排、家乡的呼唤呢？

听到时任NBA总裁大卫·斯特恩喊出自己的名字，罗斯站起身来，接过了公牛队球帽戴上，并相继和孟菲斯大学恩师卡利帕里，以及身旁的比斯利握手致意后，信步走上主席台。罗斯后来承认："我当时有些紧张，但我一直有坚定的信念，认为我就该是状元秀。当听到我的名字第一个被喊出时，那感觉很棒。"

公牛队和罗斯结缘实属不易。尽管前一季仅取得33胜49负，但位列东区倒数第五、联盟倒数第九的公牛队，抽中状元签的概率其实只有1.7%。

难怪公牛队商务运行部门副总裁史蒂夫·施沃德在亲临乐透抽签现场时曾发牢骚说："我知道会得到一顿丰盛的晚餐，但来这里就是在浪费时间。"但发现公牛队幸运抽中状元签，可以选择罗斯时，他立刻改口："我好似身处世界之巅，感觉超棒，这是我一生中最快乐的一天。"

2008 年 NBA 选秀大会，公牛队用状元签选中德里克·罗斯。

第二节

新秀赛季追乔丹

对于所有在芝加哥成长起来的孩子而言，**乔丹**是令他们高山仰止的，是芝加哥篮球的图腾，他们也都以自己的篮球生涯能和乔丹产生哪怕一丁点儿联系而感到荣幸万分。对于刚在公牛队迎来菜鸟赛季的罗斯而言，这样的机会说来就来。

飞人陛下

从生涯首秀拿到11分率队战胜雄鹿队开始，到2008年11月18日在负于湖人队的比赛中得到25分为止，罗斯连续11场得分上双，由此成为继1984-1985赛季的乔丹后，首位在生涯前10场皆得分上双的公牛队新秀。

当然，乔丹当年将这一纪录延长到令后人无法企及的高度。菜鸟赛季乔丹82场全勤，且全部得分上双。事实上，乔丹直到1986年3月22日对阵骑士队13中4仅得8分，生涯才首次得分未达两位数，而这已是该赛季乔丹出战的第8场比赛（1985-1986赛季初乔丹遭遇重伤，休战到隔年3月才复出）。换句话说，生涯前89场，乔丹竟不知道单场得分未上双是何等滋味。罗斯未能比肩这一纪录，但菜鸟赛季他出战81场，单场低于10分的也只有10场。

其实，对乔丹的感情距崇拜还有些距离，或许这是罗斯和其他芝加哥篮球少年最大的不同。罗斯曾称，他自认和乔丹身高有差距，因此球风也并无太

2008 年 11 月 18 日，罗斯在对阵湖人队的比赛中得到 25 分。

多相似之处。此外，在芝加哥长大的过程中，他也并没有在观看乔丹的比赛上花费太多精力，毕竟那时他都是在赛场上挥洒汗水。

而且，受限于英格伍德街区糟糕的治安情况，年幼的罗斯在太阳落山后也被禁足，甚至从未参加过公牛队当年曾引得芝加哥万人空巷的夺冠游行。当时，在哥哥们相约出门欢庆的时候，罗斯只能躲在自家窗户后，瞪着好奇的眼睛，看着街上攒动的人群。

拜访“篮球之神”

不过，得益于和乔丹儿子杰弗里、马库斯的交情，罗斯却曾得到一个令其他芝加哥篮球少年都羡慕到发狂的机会：受邀去乔丹家拜访。尽管自称对乔丹“没那么崇拜”，但能有机会登门拜访一位NBA“超巨”，罗斯仍激动到辗转反侧，彻夜难眠。隔天来到“篮球之神”的居所，罗斯的眼前宛如打开了一个新世界，一切都令他感到新鲜，包括门口的23号标志、车道上的限速牌，还有那6辆排列得整整齐齐的宾利。

更令他大开眼界的，自然是“篮球之神”竟也过着凡人的生活。他既看到在室内球场练球的乔丹，也看到在孩子面前化身为慈父，甚至会亲自去倒垃圾的乔丹。“我从未想过他还会做这种事，”罗斯称，“**我非常荣幸地看到了乔丹的另一面**。”

在乔丹奋斗过的球队，以和乔丹如出一辙的方式，去迎接芝加哥球迷当年曾送给菜鸟乔丹的欢呼和掌声。对于这一切，罗斯已准备好了。

迈克尔·乔丹是所有芝加哥球迷的英雄！

第三节 斩获最佳新秀

身为2008-2009赛季**备受关注的新秀**，生涯前10场得分上双比肩乔丹，只是罗斯的一次热身。接下来，罗斯不仅大步狂奔，率领公牛队向着重返季后赛的目标前进，在全明星的秀场上自然也不能少了他的身影。事实证明，在衡量球星号召力的舞台上，罗斯也是一把好手。

技巧赛封王

菜鸟赛季，罗斯就获得了2009年全明星周末的邀约，只是此番并非是以全明星球员的身份。他先是在新秀挑战赛中亮相，出任一年级队的先发后卫。全场意兴阑珊的他出战20分34秒，5投1中，罚球2中2，仅得4分7次助攻了事。当年新秀赛的MVP，由率领二年级队以122：116获胜，并疯狂掠下46分7个篮板4次助攻的杜兰特获得。

如果说新秀赛上的罗斯令人意犹未尽的话，那么隔天的技巧挑战赛，罗斯就向世人宣告，一位技术全面的明星后卫自此诞生。通过初赛，罗斯和当时效力篮网的德文·哈里斯携手进入决赛。哈里斯首先出场，起初顺风顺水，却在击地传球点浪费了两次机会。随后，篮筐貌似也对哈里斯加了盖子，他连试4次才终于命中三分。最终，哈里斯的成绩定格在39.7秒。

随后罗斯面无表情地出场。在前两个传球点，他送出的传球都如精确制

罗斯参加 2009 年全明星赛新秀挑战赛。

SPURS
BULLS
1
SPALDING
ALL-STAR

罗斯在 2009 年全明星赛技巧
挑战赛上笑到了最后。

导的炮弹一般正中目标。在令哈里斯折戟的三分投射点，罗斯仅用了两次机会，就让球乖乖钻进篮筐，胜利女神对他莞尔一笑。最后，在全场欢呼声中，罗斯秀出一记双手拉杆背扣，为自己的表现画上句号。他以35.3秒夺得当年的技巧赛冠军，且成为首位在技巧赛折桂的新秀。镜头扫到场边的詹姆斯和克里斯·保罗，二人也为此激动不已。

初试啼声

罗斯的整个菜鸟赛季，也从一开始便锋芒毕露。

乘着生涯前10场比肩乔丹的东风，罗斯在新年到来前出战32场，场均得到17.4分3.7个篮板6.1次助攻，命中率达到47.4%，将新赛季前两个月的东区月最佳新秀悉数包揽。在2009年初两个月略有下滑后，罗斯在3月重新开足马力，单月出战15场，场均得到16.9分5.1个篮板5.9次助攻，命中率46.9%，率公牛队取得8胜7负，再次在3月东区月最佳新秀的评选中独占鳌头。

最终，凭借收官阶段12胜4负的狂飙，公牛队单季取得41胜41负，时隔一年后再次闯入季后赛，比前一个赛季多了8个胜场。赛季末论功行赏，罗斯也毫无悬念地斩获最佳新秀。在当年的最佳新秀评选中，罗斯获得了总计120张第一选票中的111张，总得分达到574分，遥遥领先排名第二的梅奥（5张第一选票，总得分246分），并入选最佳新秀第一阵容。

此外，罗斯也继1985年的乔丹和2000年的布兰德之后，成为第三位斩获最佳新秀奖的公牛队球员。同时，他也是继2003-2004赛季的詹姆斯后，成为首位当选最佳新秀的状元秀。在该赛季的公牛队中，罗斯场均出场时间（37分钟）、得分（16.8分）和助攻（6.3次）分别位居全队第二、第三和第一。而在该赛季新秀得分榜上，罗斯只位居梅奥之后，高居第二。

罗斯当选 2008–2009 赛季最佳新秀。

2008–2009赛季热门新秀球员场均数据对比

	罗斯	梅奥	比斯利	威斯布鲁克	埃里克·戈登	乐福	布鲁克·洛佩斯	D.J·奥古斯丁	马里奥·钱莫斯
出场	81	82	81	82	78	81	82	72	82
首发	80	82	19	65	65	37	75	12	82
场均时间	37.0	38.0	24.8	32.5	34.3	25.3	30.5	26.5	32.0
投篮命中率	47.5%	43.8%	47.2%	39.8%	45.6%	45.9%	53.1%	43.0%	42.0%
场均命中	7.1	6.9	5.6	5.3	5.3	3.9	5.5	3.7	3.4
场均出手	14.9	15.6	11.8	13.4	11.6	8.5	10.3	8.6	8.1
三分命中率	22.2%	38.4%	40.7%	27.1%	38.9%	10.5%	0.0%	43.9%	36.7%
场均三分命中	0.2	1.8	0.4	0.4	1.7	0.0	0	1.5	1.4
场均三分出手	0.9	4.6	1.0	1.6	4.3	0.2	0	3.4	3.8
罚球命中率	78.8%	87.9%	77.2%	81.5%	85.4%	78.9%	79.3%	89.3%	76.7%
场均篮板	3.9	3.8	5.4	4.9	2.6	9.1	8.1	1.8	2.8
场均前场篮板	1.2	0.7	1.4	2.2	0.6	3.4	2.7	0.2	0.5
场均助攻	6.3	3.2	1.0	5.3	2.8	1.0	1.0	3.5	4.9
场均抢断	0.8	1.1	0.5	1.3	1.0	0.4	0.5	0.6	2.0
场均盖帽	0.2	0.2	0.5	0.2	0.4	0.6	1.8	0.0	0.1
场均失误	2.5	2.8	1.5	3.3	2.1	1.5	1.8	1.7	2.0
场均犯规	1.5	2.5	2.3	2.3	2.2	2.5	3.1	1.9	2.9
场均得分	16.8	18.5	13.9	15.3	16.1	11.1	13.0	11.8	10.0

季后赛回来了

在已经有些淡漠的记忆中搜寻，菜鸟罗斯的一幕幕精彩也重新在我们的脑海中“活了”过来。

生涯第3战，罗斯就迎来了和2008届探花秀梅奥的首次对决，结果罗斯证明了他并非浪得虚名。全场，罗斯出战37分钟，20投11中，罚球4中4，得到26分6个篮板3次助攻，力压梅奥的16分4个篮板（出战43分钟，15中7），公牛队也以96∶86在主场凯旋。这是罗斯生涯首次单场得分20+。

2008年11月11日，公牛队不敌老鹰队，罗斯却在该场比赛17投9中，拿下生涯首个两双（26分10个篮板）。生涯前11场连续得分上双的纪录作古后，罗斯卷土重来，再次打出了连续11场相同的比赛，其间有4场得分20+。2008年底，罗斯貌似陷入怪圈，他19投12中拿下赛季最高的27分，公牛队却仍拿“苦主”老鹰队没辙。篮网队在两天后成为罗斯的发泄对象，该场比赛罗斯15中9拿下21分之余，还送出创赛季纪录的13次助攻，率队以100∶87攻陷新泽西。

雄鹿队是罗斯菜鸟赛季最喜欢的对手之一。4次交手，罗斯率队3胜1负。2009年3月6日的这次交锋，罗斯出战41分钟，18投10中，罚球7中7，拿下平赛季纪录的27分，还送出6次助攻，以117∶102迫使雄鹿队再次签订城下之盟。

常规赛收官阶段，罗斯更是让人们领略到一位高效得分手的风采，同时也将领袖的担当体现得淋漓尽致，即便此时的他仍是一名菜鸟。最后13场，罗斯有10场命中率超过五成。2009年3月18日客战拥有“初版三少”（杜兰特、威斯布鲁克和杰夫·格林）的雷霆队，篮筐在罗斯的眼中宛若大海，他出战41分25秒，14次出手命中12球，85.7%的命中率刷新个人赛季纪录。

最后3场，公牛队火力全开向着50%胜率和季后赛挺进，罗斯也子弹上膛，连续3场以不低于50%的命中率打出得分20+的表现，终将季后赛带回风之城。

新秀赛季的罗斯在比赛中完成突破上篮。

沉默的领袖

对罗斯这样的“宝贝”，公牛队高层自然是“含在嘴里怕化了，捧在手里怕摔了”。从选中他的第一天起，公牛队高层就时刻提醒自己，不要让罗斯背负太高的期待。他们深知，在场上五个位置中，控卫成才最不易，相较于比斯利这样擅长得分的前锋，罗斯这样的控卫往往需要更长时间，才能摸索出在NBA赛场的生存之道来。

但罗斯却谢绝了公牛队的这番好意。赛季头一个月，公牛队主教练维尼·德尔·尼格罗就将进攻的主导权交到罗斯手中，而他在队内的地位也逐步上升，同时也博得了各界好评。尼格罗教练就曾这样形容罗斯：“他举止得体，这展现了他的品性，他吸收新知识也相当快。”

乔丹的恩师、公牛队前主帅道格·柯林斯就称，罗斯的成熟给他留下了深刻印象。“令我印象深刻的还有公牛队对罗斯的信任，‘把球给你，去率领你的球队前进吧。’”柯林斯说。公牛队老将林赛·亨特也给予罗斯很高评价：“他有着和勒布朗相似的气质，这让他生来就是领袖，随着所参加比赛水平的提升，他的领袖才华也得到越来越多的展现。”当时效力老鹰的老将后卫迈克·毕比也说：“公牛队就是将球队交到德里克手中，让他带着全队前行。”

但罗斯和外界的追捧之间，却好似总是隔着一堵厚厚的墙。大多数情况下，罗斯都会躲起来回看自己的比赛录像，为了不受干扰还将录像调成静音。从2009年2月起，他也不再收看ESPN的集锦节目。对此，罗斯解释说，早在2008年2月孟菲斯大学以62：66不敌田纳西大学，遭遇该赛季常规赛唯一败仗后，他就开始这么做，他不希望自己因外界的吹捧而变得飘飘然。

曾在2008-2009赛季和罗斯短暂合作过的德鲁·古登，也认为罗斯是一位信奉“行动胜于言语”原则的领袖。“德里克一直都是一位沉默的领袖，”古登说，“我曾看过他多场高中比赛，他几乎一句话都不说，只是以身作则，而他的表现也无须太多言语。但如果球队需要他站出来说话，他也会义不容辞。”

常规赛好似拉锯战，罗斯挺过去了；全明星赛宛如表演赛，罗斯赢得满堂彩；而在堪称生死战的季后赛，罗斯又会怎样呢？

第四节

酣战绿军造神迹

若将罗斯的菜鸟赛季比作一出戏，那么常规赛是铺垫，全明星赛是气氛渲染，季后赛则是高潮。在常规赛中，罗斯收获了最佳新秀，3次斩获东区月最佳，还将全明星技巧赛冠军奖杯捧回家，但这一切在他当年的季后赛经历面前却都相形见绌了。因为，就在当年首轮，罗斯亲身经历了**“史上最伟大系列赛”**。

熟悉的敌人

在2009年之前，季后赛遭遇凯尔特人队，对公牛队就意味着失利。双方3次相遇，公牛队3次被横扫出局。当然，红绿大战不乏经典。就在罗斯率公牛队再次勇敢地向凯尔特人队发起挑战的23年前，1986年首轮，乔丹正是在对阵凯尔特人队的首轮G2砍下63分，令拉里·伯德在赛后说出那句名言：“今晚，上帝披上了23号球衣。”

身为公牛队球员，要想扬名立万，就要在季后赛首轮和凯尔特人队掰手腕。乔丹能做的，罗斯准备再来一遍。

当然，2008-2009赛季这轮系列赛之所以成为经典，和凯文·加内特的伤病密不可分。2007年休赛期，加内特紧随雷·阿伦的脚步加盟凯尔特人队，携手保罗·皮尔斯，组成了名闻遐迩的三巨头。三位对总冠军极度渴望的老将，终于在总决赛4：2战胜宿敌湖人队，为凯尔特人队捧回了阔别22年的总冠军。加内特也当选最佳防守球员，填补了凯尔特人队浩瀚队史的一项空白。

但2009年3月底，凯尔特人队卫冕的希望瞬间化为乌有，加内特扭伤右膝，赛季报销，波士顿球迷无不倒吸一口凉气。三巨头缺失关键一环，等于提前宣告2009年争冠军团中注定会缺少绿衫军的身影。尽管该赛季凯尔特人队仍以62胜20负夺得东区第二，仅次于66胜16负的骑士队，但这样一支残阵的凯尔特人队，在年轻的公牛队面前不再高高在上，也为2009年首轮的7场鏖战埋下了伏笔。

惊艳首秀

G1两队就陷入苦战。第四节还剩9秒时，罗斯造成拉简·隆多犯规，曾在一年前NCAA决赛第四节最后时刻错失关键罚球，致使孟菲斯大学在加时赛功败垂成的罗斯，此番没有再手软，稳稳地2罚得手，率公牛队以97：96领先。

2009 年 NBA 季后赛首轮第 1 场，罗斯面对凯尔特人队砍下 36 分。

但凯尔特人队并不打算让比赛就此画上句号。随后，皮尔斯造成乔金·诺阿犯规，竟有了靠罚球反败为胜的机会。然而，命中第一罚的皮尔斯，却鬼使神差地投丢第二罚。随着布拉德·米勒三分弹筐而出，双方被拖入加时。在加时赛中，罗斯不再有得分进账，却送出2记关键助攻。终场前10秒，罗斯6犯离场，但在雷·阿伦罕见失手后，公牛队以105：103惊险获胜。

和23年前的乔丹如出一辙，拼到弹尽粮绝的罗斯凭此一战让生涯得以升华。全场，罗斯出战49分33秒，19投12中，12罚无一失手，轰下36分11次助攻4个篮板，追平了由“天勾”贾巴尔所保持的NBA球员季后赛首秀得分纪录。

1970年，在对阵76人队的系列赛首战，即将迎来23岁生日的贾巴尔（当时他还名叫卢-阿尔辛多）出战39分钟，25投13中，罚球13中10，砍下36分20个篮板4次助攻，率雄鹿队以125：118力克对手，为最终以4：1淘汰76人队开了个好头。

当然，仅此一项纪录不足以全面凸显该场罗斯的神勇。他还成为自2008年的保罗后首位在生涯季后赛首秀中得到至少35分，同时送出至少10次助攻的球员。此外，罗斯的36分也是自乔丹于1998年退役后，公牛队球员在单场季后赛创下的最高得分纪录。最关键的是，2009年首轮G1的胜利，也是公牛队史对凯尔特人队所取得的首场季后赛胜利。

平分秋色

经过首战渲染，2009年首轮公牛队对阵凯尔特人队的系列赛，逐步向着“史上最伟大系列赛”迈进。G2继续在波士顿进行，该场罗斯表现有所回落，出战34分25秒，11投5中，仅得10分6个篮板7次助攻2次盖帽。本·戈登挑起了公牛队的进攻重担，全场24投14中，疯狂掠下42分。

本场第四节还剩4分18秒结束时，罗斯奋力完成二次进攻，但这也是他本

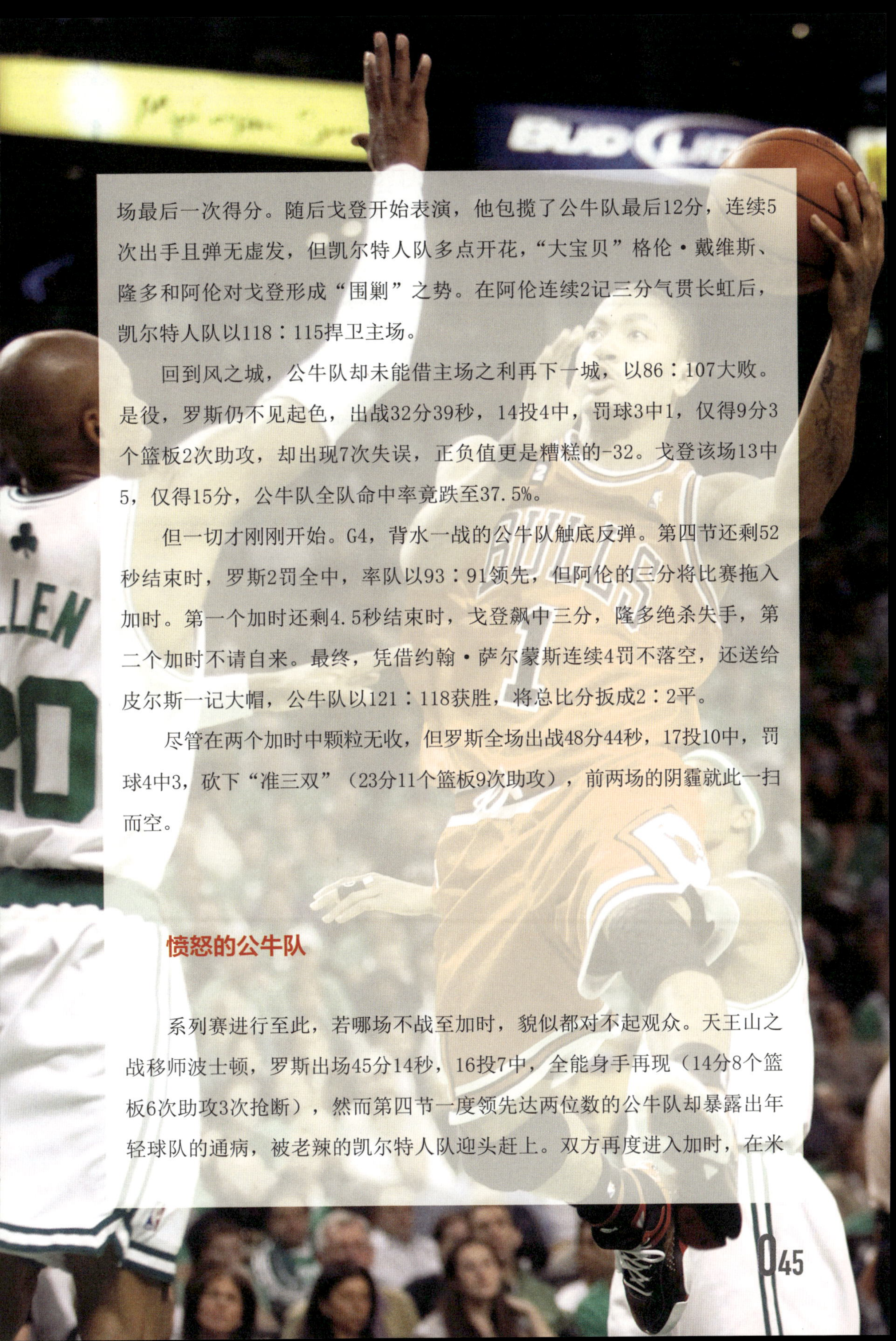

场最后一次得分。随后戈登开始表演，他包揽了公牛队最后12分，连续5次出手且弹无虚发，但凯尔特人队多点开花，“大宝贝”格伦·戴维斯、隆多和阿伦对戈登形成“围剿”之势。在阿伦连续2记三分气贯长虹后，凯尔特人队以118∶115捍卫主场。

回到风之城，公牛队却未能借主场之利再下一城，以86∶107大败。是役，罗斯仍不见起色，出战32分39秒，14投4中，罚球3中1，仅得9分3个篮板2次助攻，却出现7次失误，正负值更是糟糕的-32。戈登该场13中5，仅得15分，公牛队全队命中率竟跌至37.5%。

但一切才刚刚开始。G4，背水一战的公牛队触底反弹。第四节还剩52秒结束时，罗斯2罚全中，率队以93∶91领先，但阿伦的三分将比赛拖入加时。第一个加时还剩4.5秒结束时，戈登飙中三分，隆多绝杀失手，第二个加时不请自来。最终，凭借约翰·萨尔蒙斯连续4罚不落空，还送给皮尔斯一记大帽，公牛队以121∶118获胜，将总比分扳成2∶2平。

尽管在两个加时中颗粒无收，但罗斯全场出战48分44秒，17投10中，罚球4中3，砍下“准三双”（23分11个篮板9次助攻），前两场的阴霾就此一扫而空。

愤怒的公牛队

系列赛进行至此，若哪场不战至加时，貌似都对不起观众。天王山之战移师波士顿，罗斯出场45分14秒，16投7中，全能身手再现（14分8个篮板6次助攻3次抢断），然而第四节一度领先达两位数的公牛队却暴露出年轻球队的通病，被老辣的凯尔特人队迎头赶上。双方再度进入加时，在米勒错失2记关键罚球后，凯尔特人队以106：104拿下赛点。

退无可退，公牛队终于猛醒，一滴鲜红的血液也从牛角滴落。G6成为该轮系列赛的缩影，也是最令人难忘的一场。双方足足鏖战3个加时，令球迷的情绪达到沸点。全场罗斯手感上扬，他出战59分26秒，25投12中，罚球6中4，得到28分8个篮板7次助攻。公牛队三人得分20+，让阿伦的51分之夜遗憾收场。

该场罗斯还玩儿了把心跳。第三个加时中，罗斯先是跳投打开局面，又在科克·辛里奇投篮未果后拼下进攻篮板，完成二次进攻，公牛队自此没再落后过。但终场前3秒，罗斯又在罚球线上迷失。他两罚皆失，险成罪人。但他立刻将功赎罪，没有被隆多假突真投的把戏所骗过，而是劈头盖脸一记大帽，扇飞隆多的绝命三分，率队悬崖勒马。

最伟大系列赛

然而，前6场的精彩纷呈却未换来一个酣畅淋漓的结尾。凯尔特人队凭借第二节净胜18分，有惊无险地以109：99拿下抢七战，晋级次轮。该场罗斯出战43分26秒，18投9中，得到18分4个篮板3次助攻，终究还是差了一口气。

鏖战7场，7个加时，4场通过加时分胜负，5场分差在3分以内，正如球迷所打趣的:“只能有一个胜者，是对这样一轮系列赛的亵渎。”

在2009年首轮，罗斯场均出战44.7分钟，得到19.7分6.3个篮板6.4次助攻，命中率达到49.2%，还缔造了首秀36分追平前辈的神迹，对一名菜鸟而言可谓无憾了。罗斯继承了乔丹，又比当年的乔丹走得更远，真可谓“桐花万里丹山路，雏凤清于老凤声。”

虽然公牛队大比分 3 ： 4 不敌凯尔特人队，但罗斯的表现让公牛队球迷看到了希望！

罗斯 新秀赛季创造的纪录

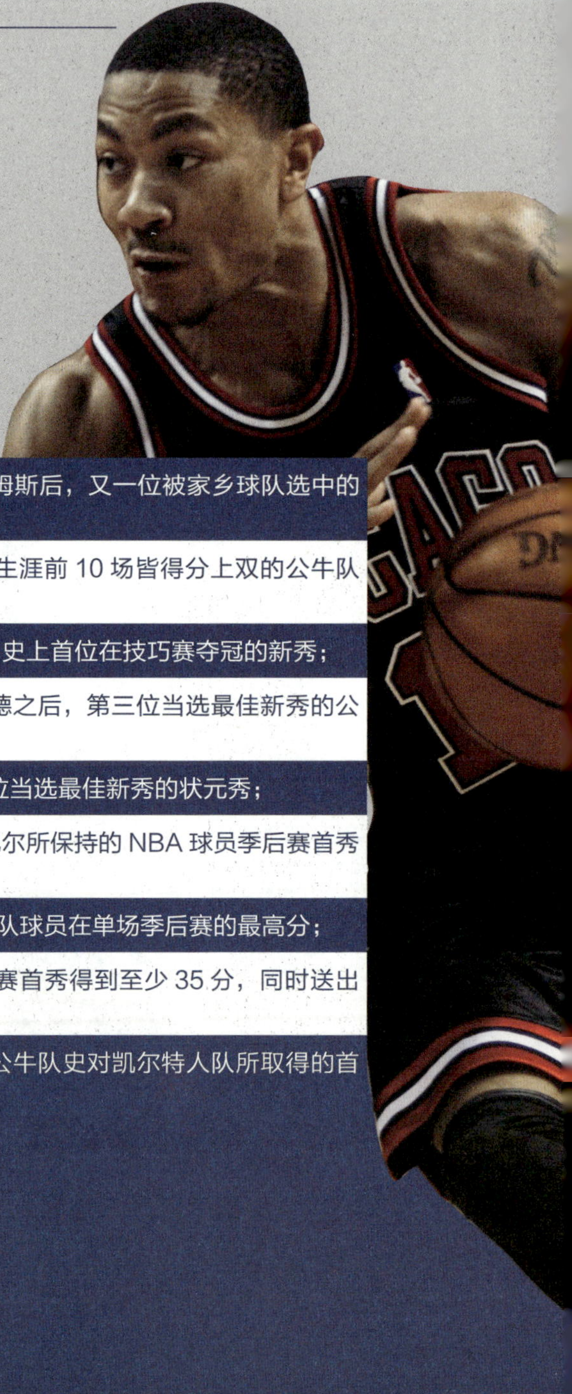

1	公牛队史第二位状元秀，继 2003 年的詹姆斯后，又一位被家乡球队选中的状元秀；
2	成为继 1984-1985 赛季的乔丹后，首位生涯前 10 场皆得分上双的公牛队新秀；
3	在 2009 年全明星技巧挑战赛，成为 NBA 史上首位在技巧赛夺冠的新秀；
4	成为继 1985 年的乔丹和 2000 年的布兰德之后，第三位当选最佳新秀的公牛队球员；
5	成为继 2003-2004 赛季的詹姆斯后，首位当选最佳新秀的状元秀；
6	首轮 G1 得到 36 分，追平由“天勾”贾巴尔所保持的 NBA 球员季后赛首秀得分纪录；
7	36 分也是自乔丹于 1998 年退役后，公牛队球员在单场季后赛的最高分；
8	成为自 2008 年的保罗后，首位生涯季后赛首秀得到至少 35 分，同时送出至少 10 次助攻的球员；
9	率公牛队在 2009 年首轮 G1 获胜，取得公牛队史对凯尔特人队所取得的首场季后赛胜利。

罗斯 2008-2009赛季季后赛首轮详细数据

场次	1	2	3	4	5	6	7
比分	公牛队 105 ： 103 凯尔特人队	公牛队 115 ： 118 凯尔特人队	凯尔特人队 107 ： 86 公牛队	凯尔特人队 118 ： 121 公牛队	公牛队 104 ： 106 凯尔特人队	凯尔特人队 127 ： 128 公牛队	公牛队 99 ： 109 凯尔特人队
时间	50	34	33	32.5	34.3	25.3	30.5
投篮命中率	63.2%	45.5%	28.6%	58.8%	43.8%	48.0%	50.0%
命中	12	5	4	10	7	12	9
出手	19	11	14	17	16	25	18
三分命中率	0.0%	0.0%	0.0%	0.0%	0.0%	0.0%	0.0%
三分命中	0	0	0	0	0	0	0
三分出手	1	0	1	0	1	0	1
罚球命中率	100.0%	0.0%	33.3%	75.0%	0.0%	66.7%	0.0%
罚球命中	12	0	1	3	0	4	0
罚球出手	12	0	3	4	0	6	0
篮板	4	6	3	11	8	8	4
前场篮板	1	2	2	1	4	1	1
助攻	11	7	2	9	6	7	3
抢断	1	0	0	0			
盖帽	0	2	0	0	1	1	1
失误	5	2	7	7	6	5	3
犯规	6	2	1	4	5	3	4
得分	36	10	9	23	14	28	18

SPALDING
BULLS
1

第三章·蓄势待发 ROSE

第一节 拒绝新秀墙

在NBA素来有一种说法，即生涯第二季才是新秀的“试炼场”，多数新秀会在第二季撞上 **“新秀墙”** 。因此，当罗斯打出精彩的菜鸟赛季后，不少人内心深处泛起了同样的怀疑。但还没说出口，看到罗斯在生涯第二季的表现，**他们的话就被生生咽了回去**。

击碎“新秀墙”

不过，在2009-2010赛季初期，人们的担心不无道理。正所谓“英雄也怕病来磨”，罗斯在首场季前赛就脚踝受伤。公牛队不敢怠慢，对罗斯亮起了红灯，他也缺席了接下来的季前赛。揭幕战打响，球迷们悬着的心终于放下，罗斯生龙活虎地出现在赛场上。但公牛队出于谨慎，仍限制了他的出场时间，忽隐忽现的脚踝伤也拖延了罗斯在2009-2010赛季初的脚步。

从揭幕战到11月末，和伤病不懈做着斗争的罗斯出战15场，场均得到15.6分3个篮板5.2次助攻，命中率46.3%，比起菜鸟赛季有所滑落。但时间是最好的良药，就当大家以为罗斯也将撞上“新秀墙”之际，他却逐渐走出伤病的阴霾，拿出了久违的表现。

到了12月，罗斯出战15场，场均已可得到20.4分3.8个篮板6.1次助攻，命中率45%。到了隔年1月，罗斯再上一层楼，单月出战15场，他场均拿下23.1

2009–2010 赛季刚刚开始，
罗斯就受到了脚踝伤势的影响。

分4.4个篮板6.4次助攻，命中率高达50.5%，并率公牛队取得10胜5负。

2009年12月19日战胜老鹰队，成为罗斯本季值得铭记的一场比赛。该场他出战42分44秒，24投14中，罚球6中4，得到创生涯新高的32分，也是他生涯首次单场得分跨过30分门槛。本场双方战至加时，和当年季后赛不同，罗斯此次不再隐身，他连投带罚独得公牛队加时赛9分中的6分，率队从曾经的“苦主”身上跨了过去。

从2010年1月15日战胜奇才队，到27日战胜雷霆队，短短13天之内，罗斯7场比赛有6场得分20+，包括连续5场得分20+，还有两场得分上30。对阵奇才队的比赛，双方鏖战双加时，罗斯出场50分15秒，33投16中轰下37分，再次刷新生涯单场得分纪录，终以121：119令奇才队授首。

首入全明星

如此表现，也让NBA各界无法再装作视而不见。2010年1月28日，罗斯被选入当年东区全明星替补阵容，他由此成为继1998年的乔丹之后，首位入选全明星的公牛队球员。在当年的全明星投票中，罗斯获得57.1911万张选票，位列东区后卫第五，仅次于韦德、艾弗森、卡特和雷·阿伦。而罗斯的生涯轨迹也像极了科比·布莱恩特，后者同样是在生涯第二季首次入选全明星。

2010年2月14日情人节当天，罗斯和篮球的“爱情”也结出了丰硕的果实。在当天进行的全明星正赛中，罗斯出战15分25秒，8投4中，得到8分4次助攻3次抢断。当年的全明星赛MVP则归属了率东区明星队以141：139获胜，并拿下28分11次助攻5次抢断的韦德。

不过，当年踏上全明星赛场，罗斯也拥有属于自己的荣耀。当天21岁133天的他，刷新了乔丹在1985年缔造的纪录（21岁359天），成为公牛队史最年轻的全明星。

2020 年 1 月 15 日，
罗斯在公牛队对阵
奇才队的比赛中轰下
37 分，
刷新生涯单场得分纪录。

“第一次得到全明星的征召，着实令我震惊，”罗斯说，“今天一早开始我就不断听到相关消息，大家纷纷打电话给我。但直到你最终确认这一消息，都会觉得难以置信。我从未这么震惊过。我还要感谢那些将我选入全明星的东区球队主教练们，能代表我的家乡球队参加全明星赛，这是一种荣耀。篮球是一项团队运动，若无队友的支持，我是绝对不可能做到的。”

兴奋的罗斯好似一个考试拿满分的小学生，还第一时间将这一好消息告诉了母亲布伦达。而更令他兴奋的还在后头，在接受ESPN记者梅丽莎·伊萨克森采访时，乔丹也对公牛队后辈给予好评：“德里克是一名非常特殊的球员，是代表芝加哥的合适人选，我要向他和公牛队表达我的祝贺。”

或许，“生涯第二季新秀墙”并非不存在，但真正的球星总能伸伸腿跨过去。伟大如乔丹也是在生涯第二季遭遇重伤，但凤凰涅槃后，他也正是在这一季封神，缔造季后赛单场63分的神迹。无独有偶，罗斯也在生涯第二季克服季初的伤病，交出场均20.8分3.8个篮板6次助攻的成绩单，还首次入选全明星替补阵容。正如那句流传颇广的话所说的：“那些无法击败我的，终将使我更强大。”

乔丹在自己职业生涯第二个赛季也受到了伤病困扰。

罗斯超越乔丹成为公牛队史最年轻的全明星。

第二节

酣战詹姆斯

2009-2010赛季首次入选全明星，对罗斯而言是一种激励。全明星周末后，罗斯开足马力，再次刷新生涯单场得分纪录，并**连续第二年将公牛队带入季后赛**。但在首轮，面对当年的手下败将骑士队，公牛队却停下了前进的脚步。詹姆斯也成为罗斯生涯早期不得不面对的劲敌。

踏平三巨头

2010年全明星周末后，罗斯重装上路，更多了份自信和从容。但在2月底到3月中旬，本该是春意盎然之时，一次迟来的“倒春寒”却突袭了芝加哥。埋头向季后赛狂奔的公牛队遭遇了一波10连败，罗斯也不幸受伤，连续缺席4场。

但和季初一样，伤病打不垮罗斯。3月20日，罗斯复出，全勤了常规赛最后14场，场均出战40.2分钟，得到22.6分4.4个篮板7.3次助攻，命中率高达50.6%，最后5场更是场场得分20+，率公牛队连续第二季取得41胜41负，以东部第八名挺进季后赛。

这期间，最令公牛队上下振奋的一场比赛，莫过于倒数第二场对阵凯尔特人队。

当天，看到莅临“风之城”的凯尔特人队，罗斯的思绪必定会飞回一年

罗斯在比赛中突破活塞队斯塔基的防守。

2010 年首轮，公牛队和骑士队相遇，
罗斯迎来了和詹姆斯的第一次季后赛交锋。

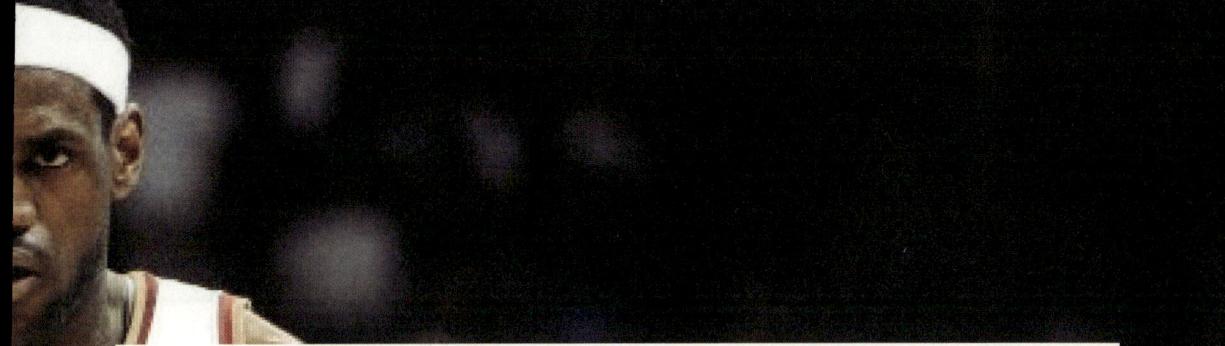

前，飞向那史诗般的7场鏖战。他不会忘记，后来人们总拿加内特来说事，坚称若非加内特伤停，公牛队绝无可能将系列赛拖入抢七。如今，加内特伤愈复出，并随队来到“风之城”，罗斯要证明的就是，即便三巨头齐整，公牛队仍可战而胜之。

非常的对手需要非常的表现。全场罗斯出战45分35秒，22投15中，罚球10中9，疯狂砍下39分5个篮板7次助攻3次盖帽，率队以101∶93力克对手，也让合力拿下67分的三巨头无功而返。

决胜第四节，罗斯6中6独得17分，还送出3次助攻，助队友得到7分。公牛队末节34分中竟有24分拜罗斯所赐。全场39分也刷新了罗斯在3个月前刚刚缔造的生涯单场得分纪录。

“玫瑰”遇“皇帝”

刚击败了三巨头齐整的凯尔特人队，罗斯和公牛队在2010年首轮的对手就接踵而至。相比2019年的凯尔特人队，此番对手更来势汹汹，那就是由两届常规赛MVP詹姆斯领军的骑士队。

在这一年之前，詹姆斯和罗斯这两位状元秀，就像两条平行线一样，又好似身处不同的宇宙，在各自设定好的轨道上前行，并无交集。一位是冉冉升起的新星，一位是渴望登上最高领奖台的东部新霸主，2010年首轮就这样播响了战鼓。

毋庸讳言，相比波澜壮阔的2009年首轮，罗斯的2010年首轮之旅则是水波不兴。系列赛一开始，骑士队便相继获得两场大胜，两场合计公牛队输了23分。G3公牛队悬崖勒马后，却又在G4再遭大败。最终5场下来，有3场分差达两位数。

系列赛首战，罗斯就感受到迷茫。他出战43分17秒，28中13，得到28分7个篮板10次助攻，甚至略胜拿下24分6个篮板5次助攻4次盖帽的詹姆斯。然而，骑士队首节就开足马力，此后也没再给公牛队机会，一场大胜（96：83）就此落幕。

G2中罗斯更切实感受到了差距。手感下滑的他24投10中，得到23分8次助攻，詹姆斯却23中16，轰下40分8个篮板8次助攻，以一己之力让该场3人得分20+的公牛队竖起白旗，被迫接受一场102：112的败仗。

正所谓“沧海横流方显英雄本色”。在系列赛移师芝加哥后的首战，罗斯出战42分19秒，26投13中，拿下31分7次助攻，携手辛里奇（27分5个篮板5次助攻）和洛尔·邓（20分），以超高效率（三人合计命中率高达57.4%）让詹姆斯的39分10个篮板8次助攻3次盖帽打了水漂，率队以108：106险胜，避免陷入0：3落后的绝境。

该场前三节公牛队都领先，末节开打不久还将分差拉大到13分，但骑士队的反扑自此开始。在詹姆斯的带动下，骑士队瞬间将分差迫近。终场前7分钟，场上形势更是陷入白热化。

罗斯责无旁贷，他接管了公牛队的进攻，连续5次跳投命中4球，稳住军心。终场前10秒，罗斯造成莫·威廉姆斯犯规，命中金子般宝贵的一记罚球。随着安东尼·帕克三分弹筐而出，公牛队逃出生天。末节罗斯独得11分。

英雄的对话

G4中罗斯的表现按说也不赖，他20投9中，得到21分5次助攻，却不料詹

骑士队在詹姆斯的带领下淘汰公牛队，打破了尴尬的历史纪录。

姆斯再次“天神附体”，全场仅出战36分24秒，就17投11中（三分9中6）轰下37分12个篮板11次助攻的三双。前三节战罢，骑士队已领先23分，季后赛罕见地迎来长达12分钟的垃圾时间。

由此，当系列赛重回克利夫兰时，罗斯和公牛队的抵抗也多了些悲壮的意味。出战43分33秒，27投12中，得到31分6次助攻，是罗斯留给2010年季后赛的最后一瞥。终场前1分49秒，罗斯连续4罚全中，将分差追近到1分，保留了最后的希望。但暂停过后，终场前1分03秒，罗斯却投丢了本季最重要一球。

本场詹姆斯轻松拿下准三双（19分10个篮板9次助攻），并在最后时刻4罚3中，亲手送公牛队连续第二年首轮出局。

这也是骑士队史首次在季后赛淘汰公牛队。本轮之前，两队从1988年到1994年5次相遇于季后赛，骑士队皆败，其中4次和乔丹有关，骑士队也成为受乔丹“荼毒”最深的球队之一。如今形势逆转，只因23号球员换下了公牛队球衣，披上了骑士队战袍。

但经此一战，詹姆斯也对罗斯赞不绝口。2020年6月，《Hoop Central》曾晒出韦德2016年的一段采访，大家才了解到2010年休赛期当詹姆斯离开骑士队时，曾想过携手韦德，将天赋带到芝加哥，但并未如愿。曾有人责怪罗斯对招募詹姆斯不上心，但韦德道出实情，原来是他担心自己、詹姆斯和罗斯3人打法相冲突。

真正的欣赏留存于詹姆斯和罗斯的心间。多年后，在回忆和詹姆斯的交手时，罗斯打趣称：“就像是普通船员对抗《星球大战》中的绝地武士。”在被问到巅峰罗斯有多强时，詹姆斯也曾回答说：“光是健康的德里克已非常恐怖了！”

罗斯 2009-2010赛季季后赛首轮详细数据

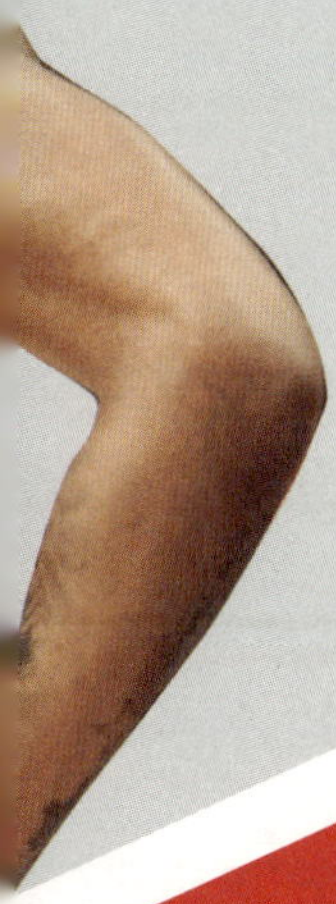

场次	1	2	3	4	5
比分	公牛队 83:96 骑士队	公牛队 102:112 骑士队	骑士队 106:108 公牛队	骑士队 121:98 公牛队	公牛队 94:96 骑士队
时间	43	43	42	40	44
投篮命中率	46.4%	41.7%	50%	45%	44.4%
命中	13	0	13	9	12
出手	28	24	26	20	27
三分命中率	0.0%	0.0%	50.0%	0.0%	50.0%
三分命中	0	0	1	0	1
三分出手	2	0	2	0	2
罚球命中率	100.0%	75.0%	66.7%	75.0%	100.0%
罚球命中	2	3	4	3	6
罚球出手	2	4	6	4	6
篮板	7	2	2	3	3
前场篮板	1	0	0	1	2
助攻	10	8	7	5	6
抢断	1	2	0	0	1
盖帽	0	0	0	0	0
失误	7	1	0	3	2
犯规	3	3	1	1	0
得分	28	23	31	21	31

第三节

疯狂的玫瑰（上）

生涯前两个赛季罗斯的成长有目共睹，美中不足的是连续两年止步于首轮。但这一切貌似都是在为罗斯生涯巅峰赛季做铺垫，是压轴戏上演前的暖场戏。在生涯第三季一步跨入联盟一线巨星行列，并和前辈们比肩，罗斯的成长速度之快令人咋舌。多年后回忆，2010-2011赛季罗斯通往MVP之路，仍与奇迹相伴始终。

锡伯杜上任

对于连续两年止步首轮，公牛队高层的解读是主帅尼格罗已到瓶颈期，为此他们决定换帅。尼格罗教练下课，汤姆·锡伯杜教练在风之城走马上任。正所谓“金风玉露一相逢，便胜却人间无数”。罗斯正是在锡伯杜调教下迎来生涯巅峰，锡伯杜也将罗斯视为心腹爱将。虽然二人未能书写又一段名师出高徒的经典传奇，但仅着眼于2010-2011赛季的话，锡伯杜对罗斯和公牛队的改造都是卓有成效的。

罗斯在比赛中隔扣德拉季奇，
生涯前两个赛季，他的进步有目共睹。

锡伯杜的上任和布泽尔的加盟提升了公牛队的实力。

在锡伯杜上任之前，公牛队尽管拥有罗斯，却是一支攻守不平衡的球队，防守尚可，进攻疲软。将2009-2010赛季联盟30队进攻效率榜打开，公牛队的进攻效率仅排第27位。

为了弥补内线火力空缺，公牛队在2010年7月8日完成了一笔先签后换的交易，从爵士队换来卡洛斯·布泽尔，并和他签下了一份为期5年、总金额在7500万到8000万美元之间的合同。布泽尔的到来起到了立竿见影的效果，他在2010-2011赛季场均可得17.5分9.6个篮板，命中率51%，得分和篮板皆位居队内第二。

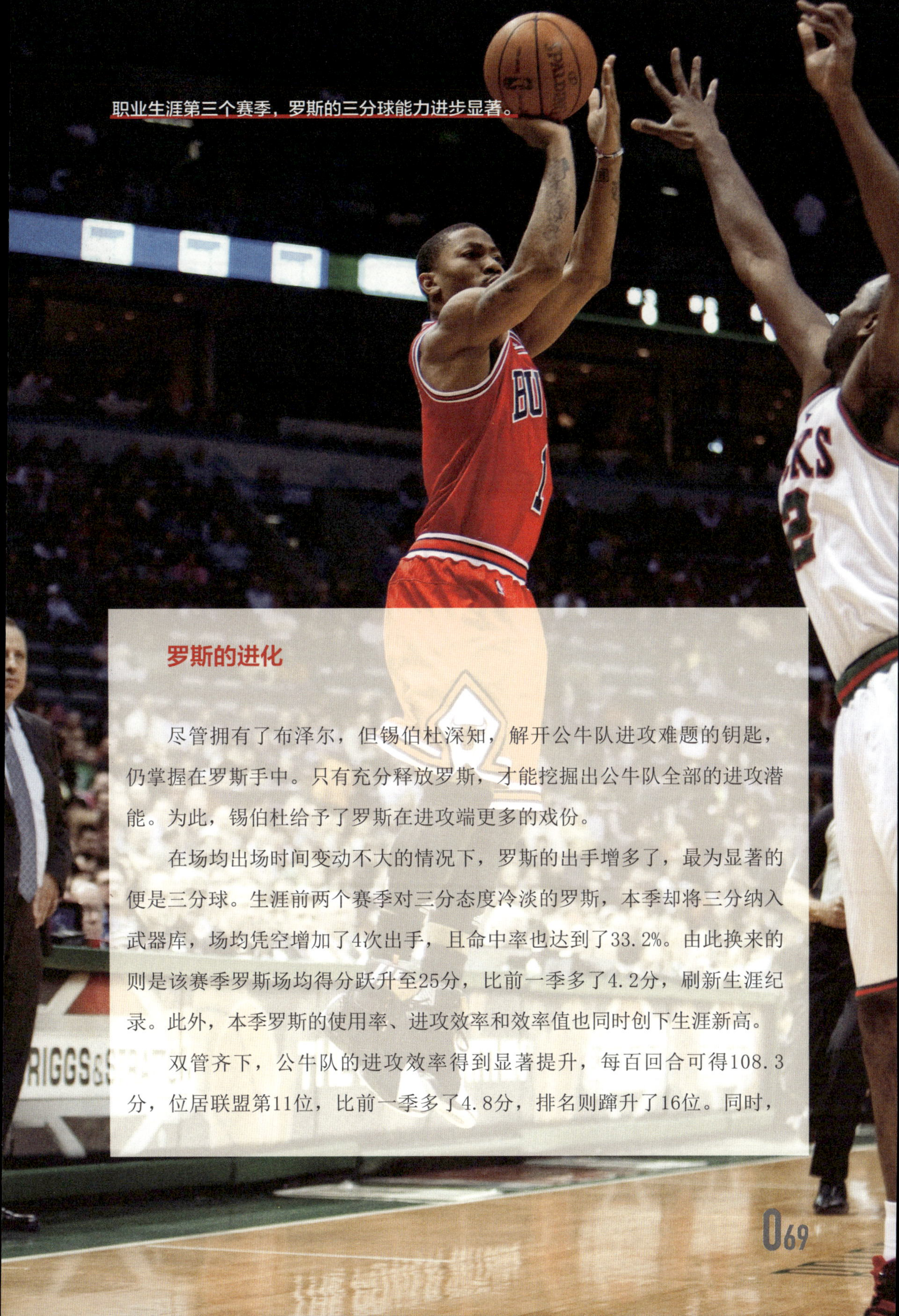

职业生涯第三个赛季，罗斯的三分球能力进步显著。

罗斯的进化

尽管拥有了布泽尔，但锡伯杜深知，解开公牛队进攻难题的钥匙，仍掌握在罗斯手中。只有充分释放罗斯，才能挖掘出公牛队全部的进攻潜能。为此，锡伯杜给予了罗斯在进攻端更多的戏份。

在场均出场时间变动不大的情况下，罗斯的出手增多了，最为显著的便是三分球。生涯前两个赛季对三分态度冷淡的罗斯，本季却将三分纳入武器库，场均凭空增加了4次出手，且命中率也达到了33.2%。由此换来的则是该赛季罗斯场均得分跃升至25分，比前一季多了4.2分，刷新生涯纪录。此外，本季罗斯的使用率、进攻效率和效率值也同时创下生涯新高。

双管齐下，公牛队的进攻效率得到显著提升，每百回合可得108.3分，位居联盟第11位，比前一季多了4.8分，排名则蹿升了16位。同时，调教防守也是锡伯杜的看家本领。在他的悉心指导下，公牛队该赛季场均仅失91.3分，联盟第二少，每百回合失分则为联盟最少（100.3分），比前一季足足少了5分。

防守第一，进攻逼近前10，还有一位上升势头不可遏制，又添置了新武器，获得了更多开火权的一线巨星，公牛队终迎来自乔丹1998年退役后最强一季。罗斯也开始了收割荣誉和纪录的历程。

首月的爆发

罗斯的MVP赛季，从赛季第一个月便显露端倪。从揭幕战到11月底，罗斯出战14场，场均可得26.6分4.6个篮板8.2次助攻，命中率46.8%，率公牛队获得9胜5负。这期间，罗斯有6场比赛得分30+，10月30日对阵活塞队砍下平生涯纪录的39分是其代表作。

在俄城输掉揭幕战后，回到主场的公牛队力求首胜。本场比赛，活塞队先拔头筹，上半场结束竟领先19分。但下半场风云突变，尤其是末节公牛队仅让活塞队得到可怜的9分，单节净胜25分，以101：91逆转获胜。

全场罗斯出战38分钟，27投13中，其中三分7中3，罚球13中10，砍下39分6个篮板7次助攻。上半场罗斯得到17分，第三节他一分钟没歇，9中5，拿下14分。末节他投篮手感衰减，却赚得8次罚球，竟和活塞队全队持平。

罗斯在对阵活塞队的比赛中砍下了 39 分。

远投能力的提升让罗斯的突破更具威胁。

11月底，罗斯曾连续3场得分30+，生涯首次。11月24日苦战双加时拿下太阳队，罗斯出战50分19秒，33中14，拿下35分12个篮板7次助攻，也堪称其本季代表作。

12月的风暴

稍做调整后，罗斯踏上了新的旅程。从12月8日到26日的19天内，罗斯出战10场，有8场得分20+，场均得到23.1分5.6个篮板8.8次助攻，场均出手4.6次三分，命中率达到惊人的41.3%，一个十八般武艺样样精的罗斯跃然在各路豪强面前。

这期间最值得铭记的一场比赛，无疑是12月10日主场对阵湖人队。当天，“紫金军团”上门踢馆，罗斯和科比展开对飙。最终，罗斯25投12中，其中三分5中3，罚球4中2，得到29分5个篮板9次助攻；科比则手感不佳，尽管也拿下23分5个篮板7次助攻，命中率却跌破40%，三分更只有4投1中。公牛队在首节落后10分的情况下，以88：84反败为胜。

本场比赛的意义在于，这是罗斯生涯首次战胜科比。同时，公牛队上一次取得对湖人队的胜利，还要追溯到4年前的2006年12月19日。

第四节 疯狂的玫瑰（下）

连续10场20+

磨合到位的公牛队在新年到来之际爆发出令各路豪强胆寒的能量，罗斯也开足马力狂奔。从2011年1月14日到2月2日，罗斯连续10场得分20+，刷新生涯纪录，并率公牛队豪取9胜1负。

这期间最令人难忘的，则是1月17日客战灰熊队的比赛。该场罗斯出战接近40分钟，尽管20投7中显示他的手感并没那么火热，他却收获了生涯首个三双（22分10个篮板12次助攻）。公牛队从开场便占据主动，上半场领先达11分，不费吹灰之力在孟菲斯凯旋。

当年，罗斯身为孟菲斯大学的明星，曾率队挺进NCAA决赛，这里的大街小巷仍传唱着他的传奇。多年后，罗斯重回故地，又拿下生涯首个三双，真可谓缘妙不可言。

在这段狂飙临近尾声时，罗斯又听闻了一个好消息，他被选为2011年全明星先发，这在其生涯中也是首次，他在联盟的地位和人气由此可见一斑。在当年的全明星票选中，罗斯获得191.4996万张选票，位列东区后卫第二，仅次于韦德（204.8175万张选票），在联盟也高居第5位。

2月20日，罗斯首次以先发身份踏上洛杉矶全明星正赛的赛场，全场他出战接近30分钟，13投5中，得到11分3个篮板5次助攻。西区明星队以148：143获胜，东道主科比凭借37分14个篮板的表现荣膺MVP。

2011 年全明星赛东部全明星队合影留念。

罗斯在 2011 年全明星赛上突破上篮。

两攀高峰

就在2011年全明星周末之前，罗斯再次迎来生涯里程碑，以至于有人打趣称，如果全明星投票晚一点截止，罗斯成为票选第一的后卫也并非天方夜谭。

2月17日，公牛队主场迎来劲敌，即由“GDP组合”领衔的马刺队。该赛季西区竞争异常惨烈，而马刺队仍是西区不可忽视的一股力量。在本场赛前，马刺队豪取46胜9负，因此本场也堪称东西区的一场巅峰对决。

如此重要的比赛，罗斯怎能缺席？全场，罗斯神兵天降，出战38分30秒，28投18中，罚球6中6，掠下42分5个篮板8次助攻，再次刷新生涯单场得分纪录。上半场，罗斯手感就出奇地好，12中8拿下21分。第三节稍做休整，罗斯在末节再度爆发，单节7中6拿下13分，终令西部豪强授首。

3月18日，公牛队开拔到印第安纳州，罗斯在对阵步行者队的比赛中再次轰下42分，却遗憾地以108∶115落败。该场，罗斯27投11中，手感平平，还6犯离场，却获得创赛季纪录的21次罚球。步行者队先发五虎罚球数合计，也仅比罗斯多5球。

季末狂飙

两攀高峰却看到不一样的风景，这并不会让罗斯气馁，毕竟公牛队战绩正处于疯狂上扬态势中。从2月9日开始到季末，公牛队再没有遭遇过连败，一波波的连胜接踵而至。32场比赛，公牛队豪取28胜，就此以62胜20负力压马刺队（61胜21负），夺取常规赛联盟头名。而公牛队上一次单季60胜，正是乔丹上演“最后一舞”的1997-1998赛季。此外，这也是公牛队史上第六个60胜的赛季。

罗斯也上演了最后的疯狂。从3月下旬到季末，罗斯场均拿下27.2分3.3个篮板7.8次助攻，总命中率49.3%，三分场均出手5.1次，36.1%的命中率也颇为可观。连续12场，罗斯有10场得分20+，6场得分30+，并率公牛队以赛季最长的9连胜，为2010-2011赛季画上完美句号。

这期间不得不提的，是3月26日客战雄鹿队的比赛。在密尔沃基，罗斯出战40分钟，17投9中，罚球12中12，拿下30分17次助攻，刷新生涯单场助攻纪录。

赛季盘点，罗斯出战81场，共拿下2026分623次助攻，由此成为1972-1973赛季以来，第三位单季拿下至少2000分，还送出600次助攻的球员，此前两人分别是乔丹和詹姆斯。

“愤怒的公牛队”暂时止步，而被他整赛季表现深深折服的业内人士和

罗斯面对步行者队福斯特的防守突破上篮。

球迷突然意识到，这样的罗斯终于可以梦想些什么了。

罗斯和公牛队

如果将罗斯和公牛队的缘分比作一本著作，那么作者行文至此，可能会掩卷叹息。没错，眼看罗斯和公牛队的结合即将收获丰硕的果实，谁又能想到当年双方曾险些擦肩而过？

后来罗斯曾在关于自己的一部纪录片中透露，其实当年选秀时，公牛队对他并非信任有加，主要原因还是顾及罗斯的出生环境，尤其是他曾锒铛入狱的哥哥们。这对于从小被哥哥们灌输了对家乡球队热切的爱，一心将为家乡球队效力视为人生至高目标的罗斯而言，不啻于晴天霹雳。多少次，罗斯在深夜里忍受内心痛苦的煎熬时，都会一遍遍地发问：“到底是我参加选秀，还是我的哥哥们参加选秀？”

罗斯的三哥阿兰也曾说过：“因为我曾经犯下的过错，险些让德里克和状元秀擦肩而过。但德里克坚定地回复说：‘若你们无法接受我的哥哥，那就不要选我！’”

但正所谓**“我无法决定自己的出生，但我可以决定自己的人生。”**正如10年前的艾弗森用“战神”般的表演令费城球迷回味悠长那样，罗斯也即将用生涯最完美一季，拨动风之城球迷的心弦，让他们为当年后怕，为现在狂喜，庆幸没有为英雄关上那扇沉重的大门。如今，公牛队从高层到球迷，只想走过来拍拍罗斯的肩，由衷地说一句：“有你，真好！”

BULLS
SEE

第四章·完美绽放 ROSE

第一节

风城MVP

张爱玲曾说过**“出名要趁早”**，罗斯无疑是深谙此道的。2010-2011赛季，新任主教练锡伯杜出手不凡，改造了罗斯和公牛队，率队豪取联盟头名，取得自乔丹时代以来首个60胜赛季，罗斯也交出场均25分4.1个篮板7.7次助攻、总命中率44.5%、三分命中率33.2%的亮丽成绩单。

纪录收割机

从纪录的角度回看2010-2011赛季常规赛，罗斯的表现着实惊人：

1.他是NBA史上第7位单季场均能得到至少25分4个篮板7.5次助攻的球员，此前6人分别是奥斯卡·罗伯特森、杰里·韦斯特、伯德、乔丹、韦德和詹姆斯；

2.整赛季，单场罗斯所贡献得分（包括他自己的得分和助攻队友所得的分）占到该场公牛队总得分至少一半的比赛达到26场，领跑全联盟；

3.整赛季，罗斯打出23次两双，得分30+的比赛达到23场，而在生涯前两季，得分30+的比赛合计才8场，且全部出现在生涯第二季；

4.他也成为2010-2011赛季联盟仅有的一位场均得分（第7位）和助攻（第10位）都名列前10的球员。而此前单季有过如此表现的公牛队球员，也只有1988-1989赛季的乔丹。该赛季，乔丹场均得到32.5分，位列联盟首位，8次

罗斯在比赛中推进进攻，
2010−2011 赛季常规赛
他带领公牛队拿下 62 胜。

助攻则排名第10位；

5.整赛季，罗斯共得到2026分623次助攻330个篮板，由此成为NBA史上第5位单季得到至少2000分600次助攻300个篮板的球员，此前4人分别是罗伯特森、约翰·哈弗利切克、乔丹和詹姆斯。

球队战绩和个人表现双赢，如此罗斯自然具备了问鼎个人最高荣誉的机会。年龄和资历一度被视为唯一阻碍，但貌似是出于对詹姆斯蝉联常规赛MVP的审美疲劳，或者是詹姆斯在2010年的“决定一”让他人设崩塌，较长时间内未能挽回声誉，遂让罗斯成为评委们的宠儿。从事后来看，若无罗斯，詹姆斯可能会达成史无前例的MVP五连庄。

黄袍加身

2011年5月3日，罗斯的声望达到顶点，NBA官方宣布授予他该赛季的常规赛MVP，13年后，MVP重归芝加哥。同时，罗斯还入选了2010-2011赛季的最佳阵容一阵，和德怀特·霍华德、杜兰特、詹姆斯、科比等人并肩而立，这在他的生涯中也是头一遭。

该赛季的MVP票选几乎呈一边倒的态势，罗斯获得了113张第一顺位选票，总得分高达1182分，将排名第二的霍华德（3张第一顺位选票，总得分643分）远远地甩在身后。詹姆斯排名第三，他获得了4张第一顺位按票，总得分为522分。

芝加哥沸腾了。罗斯和乔丹并列，成为史上仅有的两位荣获常规赛MVP的公牛队球员。此外，他也以22岁零6个月的年纪，成为NBA史上最年轻的常规赛MVP，打破了此前由NBA名宿韦斯·昂塞尔德所保持的历史纪录。1968-1969赛季，昂塞尔德在菜鸟赛季当选常规赛MVP，当时的他年仅23岁零2个月。

此外，控卫素来是常规赛MVP评选的热门，此番也得到了验证。罗斯也

2011 年 5 月 3 日，
罗斯领取常规赛 MVP 奖杯。

2010-2011 赛季常规赛 MVP 评选投票详情

姓名	球队	第一选择票	第二选择票	第三选择票	第四选择票	第五选择票
德里克·罗斯	芝加哥公牛队	113	6	2	0	0
德怀特·霍华德	奥兰多魔术队	3	57	31	16	11
勒布朗·詹姆斯	迈阿密热火队	4	26	39	31	12
科比·布莱恩特	洛杉矶湖人队	1	18	32	40	12
凯文·杜兰特	俄克拉荷马雷霆队	0	6	10	20	38
德克·诺维茨基	达拉斯独行侠队	0	5	3	11	30
德怀恩·韦德	迈阿密热火队	0	1	1	2	6
马努·吉诺比利	圣安东尼奥马刺队	0	2	0	0	6
阿马雷·斯塔德迈尔	纽约尼克斯队	0	0	1	0	4
布雷克·格里芬	洛杉矶快船队	0	0	1	0	0
拉简·隆多	波士顿凯尔特人队	0	0	1	0	0
托尼·帕克	圣安东尼奥马刺队	0	0	0	1	0
克里斯·保罗	新奥尔良黄蜂队	0	0	0	0	2

总分	首选率	得票率
1182	93.39%	37.57%
643	2.48%	20.44%
522	3.31%	16.59%
428	0.83%	13.60%
190	0.00%	6.04%
113	0.00%	3.59%
24	0.00%	0.76%
20	0.00%	0.64%
9	0.00%	0.29%
5	0.00%	0.16%
5	0.00%	0.16%
3	0.00%	0.10%
2	0.00%	0.06%

成为继史蒂夫·纳什（2005、2006年蝉联MVP）之后，首位获得常规赛MVP的控卫。同时，他也是NBA史上第5位当选常规赛MVP的控卫，前4人除纳什外，还有鲍勃·库西（1957）、“大O”罗伯特森（1964）和“魔术师”约翰逊（1987、1989、1990）。

值得一提的是，阿伦·艾弗森在初入联盟时定位为控卫，但在斩获常规赛MVP的2000-2001赛季，他已被改造成得分后卫，该赛季他有60%的时间出任二号位。

于无声处听惊雷

不得不说，罗斯在2010-2011赛季的进步幅度是惊人的，毕竟在2009-2010赛季常规赛MVP的票选中，罗斯是没有获得过一张选票的。由此，罗斯也成为自2004-2005赛季的纳什之后，首位前一季没得到一张常规赛MVP选票，却在第二个赛季将常规赛MVP奖杯捧回家的球员。翻开2003-2004赛季常规赛MVP票选名单，的确难觅纳什的踪影。

从这个角度来看，罗斯的获奖也就和当时纳什的获奖一样，有了一丝“于无声处听惊雷”的意味。当年，没人会猜到纳什回归太阳队这笔看似普普通通的交易，却掀起了滔天巨浪，不仅改变了联盟的格局，而且深刻影响了日后联盟的发展；罗斯也是一样，2010-2011赛季仅是他NBA生涯第三季，没人想过如此年轻、资历如此浅的罗斯，竟也能登堂入室，将众多资历更老的巨星拉下马。

因此，称罗斯在这一季彻底爆发，迎来人生巅峰，也并不为过。本季的罗斯真可谓**“会当凌绝顶，一览众山小”**。

完美偶像

球迷们总是在寻觅着最完美的偶像，为此不断提出各种苛刻的条件。曾经，在1998年总决赛G6完成抢断后致胜一投的乔丹，最为接近球迷心中那位完美偶像。但乔丹后来在奇才队复出，延续了球迷的追星梦，却也打碎了完美偶像的形象，以至于如今仍有球迷在设想：“如果乔丹的生涯永远定格在1998年总决赛G6那一投，该有多完美？”

和乔丹有诸多相似之处的罗斯，也曾在一定程度上满足了芝加哥球迷对完美偶像的憧憬。他是土生土长的芝加哥人，他生于斯长于斯，和这里的每一寸土地都血脉相连。后来，他在风之城读完了高中，仅在田纳西州读了一年大学，就迫不及待地回归故里，成为家乡球队的一员，并将自己的巅峰岁月留在了这里。

一座金灿灿的常规赛MVP奖杯，是罗斯对家乡最好的回馈，也包含着他走过的路——在英格伍德的懵懂岁月、在西米恩高中的肆意青春、在孟菲斯大学的无畏征途，以及在红色公牛队的荣耀历程。年轻没有失败，不怕回首，也不惧展望。或许正如詹姆斯所说的：**“任何时候谈到MVP，都不能不提到德里克·罗斯。”**

芝加哥的球迷们
高举支持罗斯的横幅看球。

第二节 冲击东决

度过了轰轰烈烈的2010-2011赛季常规赛后，一个现实问题摆在了年轻的MVP面前：**季后赛能走多远？**毕竟当时罗斯二入季后赛，却都首轮打道回府。乔丹生涯之初也曾连续3年止步首轮。但在首次当选常规赛MVP的1987-1988赛季，他曾率队迎来突破。乔丹如此，罗斯呢？

印第安纳来客

2011年公牛队首轮对手是步行者队。13年前的1998年季后赛，带给“最后一舞”的公牛队最艰巨挑战的，恐怕并非爵士队，而是步行者队。当年东决，拥有雷吉·米勒的步行者队曾将系列赛拖入抢七，吓出芝加哥球迷一身冷汗。

13年后，步行者队仍是令同区对手不舒服的存在。尽管2011年首轮公牛队以4∶1过关，但比赛过程不像总比分所显示的那样轻松。除了G5公牛队大胜27分外，前4场分差都不超过6分，每一场都战至最后时刻，步行者队险些上演“黑八奇迹”。

首战公牛队以104∶99险胜，罗斯出战38分35秒，23投10中，罚球21中19，得到39分6个篮板6次助攻3次盖帽，但三分9投尽没。

终场前3分钟，步行者队一度领先达10分，公牛队形势危如累卵。好在罗

罗斯面对步行者队邓利维的补防完成上篮。

斯终于站了出来。他先妙传诺阿暴扣，随即上篮造成罗伊·希伯特犯规，打成2+1，随后又亲自操刀，仅用时2分钟率队扳平。接着，罗斯助攻凯尔·科沃尔三分飙中，又气定神闲地走上罚球线，2罚得手，完成逆转。

首战憾负反而激发了步行者队的斗志。G2战至末节，公牛队仍未能甩开对手，双方战成67平，步行者队甚至一度领先。关键时刻仍看罗斯，他末节拿下14分，十八般兵器齐上阵，终率队以96：90险胜。全场，罗斯25投11中，其中三分5中2，罚球13中12，得到36分8个篮板7次助攻。

罗斯快攻中完成扣篮。

突破首轮

随后两场，在步行者队的围追堵截下，罗斯手感跌至冰点，命中率皆跌破30%，合计40投10中。但身为巨星，罗斯自有办法。G3中他全场23分中有13分来自罚球，率队以88：84再下一城，获得了牢不可破的3：0领先，终瞥见晋级曙光。

但罗斯糟糕的手感仍延缓了公牛队的脚步。G4中罗斯22投仅6中，三分9投仅1中，仅得15分。尽管他送出10次助攻和4次抢断，公牛队仍败走印城。G5回到芝加哥，担心夜长梦多的罗斯终复苏，全场17投8中，其中三分8中3，罚球7中6，得到25分6次助攻2次抢断2次盖帽，对手缴械投降。

这是公牛队自2007年后首次突破首轮，但罗斯的表现多少和MVP身份不符。本轮他场均得到27.6分4.6个篮板6.2次助攻2.6次抢断，但总命中率仅为37.1%，三分命中率也只有可怜的21.6%。

究其原因，还在于步行者队是值得尊敬的对手，这也预示着该队在此后数年的崛起。在丹尼·格兰杰率领下，他们勇敢地站在公牛队面前，一如两年前罗斯率队挑战凯尔特人队。胜者固然可敬，败者同样配得上鲜花和掌声。

若以后来人的眼光来看，2011年首轮公牛队遭遇步行者队的强力阻击并非全是坏事，这锤炼了全队的意志，令其警醒。而相比步行者队，公牛队次轮对手更来势汹汹。

这就是老鹰队。该赛季老鹰队以44胜38负位列东区第五，首轮以4：2挑落魔术队。该队当时由乔·约翰逊、约什·史密斯、艾尔·霍福德、马文·威廉姆斯和毕比等领衔。相比公牛队，老鹰队堪称“老江湖”，当罗斯还在首轮蹉跎时，老鹰队已连续第3季闯入东区次轮。

黑鹰降落

姜是老的辣，首战老鹰队就给了公牛队一个下马威，以103：95获胜，破了当年季后赛公牛队主场不败金身。该场罗斯27投11中，其中三分7中2，得到24分5个篮板10次助攻，但约翰逊和克劳福德合力拿下56分，公牛队主场饮恨。

首战上半场，罗斯貌似又回到首轮，10中2仅得5分。但下半场罗斯猛醒，末节更是9中5独得11分。然而约翰逊和克劳福德末节联手拿下21分，令罗斯徒唤奈何。

由此，公牛队在G2的目标就无比明确了：捍卫主场。罗斯手感仍不佳，全场他27投10中，其中三分8中1，罚球6中4，得到25分6个篮板10次助攻。但公牛队该季贵为联盟第一的防守发挥了效力，老鹰队得分骤降30分，命中率跌至33.8%，终以73：86告负。

食髓知味的公牛队如法炮制。系列赛移师亚特兰大，老鹰队在继续见识公牛队强悍防守的同时，也惊悚地看到了一个满血复活的罗斯。该场，罗斯出战不足38分钟，27投16中，其中三分7中4，罚球9中8，轰下44分5个篮板7次助攻。首节罗斯就轰下17分，前三节战罢已拿下34分，轻松获胜。

东决的祥云

但如果以为系列赛就这样结束了，未免太低估老鹰队。G4中罗斯火力仍旺盛，23投12中，其中三分3中1，罚球11中9，得到34分10次助攻，但老鹰队却挣脱出了公牛队设下的天罗地网，打出接近五成的命中率。约翰逊、史密斯和霍福德3人得分20+，率队以100：88将总比分扳平。

面对老鹰队乔·约翰逊的防守，罗斯突破上篮。

天王山之战倏忽而至，好在罗斯本场并不孤独。该场罗斯24投11中，其中三分5中1，罚球13中10，得到33分10次助攻。洛尔·邓成为他的左膀右臂，该场也有23分入账。二人携手在首节拿下20分，率公牛队净胜11分。老鹰队苦苦扳平后，罗斯末节再得11分，率队单节净胜11分，一鼓作气拿下赛点。

这沉重打击了老鹰队的士气。G6中公牛队首节就领先10分，三节战罢领先17分，老鹰队完全放弃抵抗。全场，罗斯闲庭信步般14投8中，拿下19分12次助攻，布泽尔再添23分10个篮板5次助攻，老鹰队折翅。

就这样，公牛队自乔丹于1998年退役后，首次闯入东决。罗斯在本轮场均得到29.8分4.3个篮板9.8次助攻，总命中率恢复至45%，美中不足的是三分命中率仍不足30%。

在公牛队球迷期盼的目光中，乔丹时代曾飘浮在芝加哥上空的祥云，貌似又再次聚拢而来了。

场均 **29.8** 分
4.3 个篮板
9.8 次助攻
45% 总命中率

CHICAGO

老鹰队主教练拉里·德鲁祝贺罗斯率队晋级。

第三节 再战詹皇

东决终于重新回到了芝加哥。为了这一天，罗斯等待了3年，芝加哥球迷则苦苦等待了13年。尽管过程艰辛，但当真正踏上东决赛场的那一刻，罗斯和公牛队会感到一切都是值得的。正如泰戈尔在诗中写到：**“离你最近的地方，路途最远；最简单的音调，需要最艰苦的练习。”**

然而，罗斯明白，公牛队本季的征程尚未结束，甚至可以说刚刚开始。只有在最强劲的敌手面前，才能验出自己最真的成色。而此番充当公牛队试金石的，正是热火队三巨头，而这也是罗斯和詹姆斯连续第2年在季后赛相遇。

最强的敌人

话分两头，却说2010年季后赛，詹姆斯在率领骑士队首轮4：1淘汰公牛队后，却也未能走得太远，在东区次轮就以2：4不敌宿敌凯尔特人队。在2007年折戟总决赛后，骑士队不进反退，再也未能重返总决赛，这也让詹姆斯生涯前两座常规赛MVP拿得有些尴尬。斩获荣誉无数，陈列室里仅缺冠军奖杯装点，让从出生时起就从未离开过家乡的詹姆斯，第一次动了“外界的世界很大，我想去看看”的心思。

终于，詹姆斯在电视直播中公开表示“会将天赋带到南海岸”，一石激起

詹姆斯带领的热火队和公牛队在东部决赛相遇。

千层浪。克利夫兰的球迷以最极端的方式表达了愤恨，更多的球迷则一脸愕然。毕竟，像詹姆斯这样被预定为联盟未来第一人的巨星，竟然选择在盛年时抱团，对于从乔丹时代走过来的球迷而言，多少是有些抵触的。

只有迈阿密球迷欣喜若狂，詹姆斯、韦德和波什的联手，让他们自2006年后再次嗅到了冠军的味道，也对“神算子”帕特·莱利的暗度陈仓而钦佩不已。但其实，这份狂喜和憧憬，芝加哥球迷本来也能体会得到，甚至机会更大。

这就引出了NBA近年来的一桩公案。有消息称，在2010年季后赛结束后，韦德和詹姆斯曾想过加盟公牛队。芝加哥也是韦德的故乡，他想要回家乡球队打球，情有可原；詹姆斯则是看好公牛队的前景。坊间曾有传说称，詹姆斯喜欢罗斯的打球方式，想要和他携手合作。

对方主动示好，眼看天大的馅饼要掉到手中，公牛队高层立刻行动了起来。但此时，他们却赫然发现，罗斯并不愿配合。据说，罗斯并不是排斥詹姆斯、不想和詹姆斯一起打球，而是因为他心里始终有个执拗的想法："我就在这里，如果你想来，我们就一起打球；但我是不会参加招募，去主动劝说另一人来和我打球的。"

此消息一出，有不少球迷将公牛队未能组建三巨头的责任，一股脑儿算在了罗斯头上。但对此，罗斯后来也曾做出过澄清，称他当时也曾录了一段招募詹姆斯的影片，但他并不确定詹姆斯等人是否曾看过。

说到底，这是罗斯的性格使然，无可指摘。当年在英格伍德街区，在母亲和哥哥的羽翼下逐渐长大时，罗斯就养成了内敛沉默的性格，同时也让他多了份执拗。篮球是他的语言，是他内心的宣泄，他会在心里暗暗使劲。但类似于登上飞机、飞到詹姆斯身边、恳请他前来和自己合作的做法，却是和罗斯的内心相违背的。

巅峰无限美

就这样，公牛队和热火队如同两位霸王，各自开疆拓土，终于到了碰面的时候。不过，到此时为止，芝加哥球迷仍是自信的，即便对方拥有詹姆斯。因为在他们的记忆中，热火队素来是公牛队的手下败将。对热火队而言，对抗公牛队的历史就是一部血泪交加的历史。

在2011年之前，双方在季后赛碰面5次，公牛队赢了4次，前3次均来自乔丹时期。2006年，热火队终在首轮4：2复仇公牛队，但2006-2007赛季的揭幕战，公牛队就在迈阿密亲手捣毁了热火队的夺冠庆典，客场大胜42分。这也为

2007年首轮公牛队4：0阻断热火队卫冕美梦埋下了伏笔。

公牛队一度让热火队绝望到何种程度？当詹姆斯刚加盟热火队时，曾被迫将球衣号码从23号改成了6号。之所以如此，是因为热火队23号已经退役，不是为别人，正是为乔丹。没错，热火队为一位从未为本队效力过的球员退役球衣，这在NBA也是绝无仅有了。

东决首战的结果貌似也印证了芝加哥球迷的预测。在联合中心球馆，上半场两队形成相持，第三节公牛队率先发力，单节净胜9分；最后一节，热火

东部决赛第一场，罗斯得到28分6次助攻带队赢球。

队仍无起色，公牛队趁胜追击，单节净胜12分，竟以103：82大胜。

本场罗斯的表现自然可圈可点。他出战38分20秒，22投10中，其中三分7中3，罚球6中5，得到28分6次助攻。在拉开分差的第三节，罗斯7中3独得10分，竟比本节三巨头总得分少2分。洛尔·邓成为他的好帮手，全场三分6中4，得到21分7个篮板4次抢断。

不过，“詹韦”组合该场双双失常，也是不容忽略的。二人该场得分均未达到20分，合计仅33分，韦德17中7，詹姆斯15投更是仅中5球。热火队仅靠波什一人17中12拿下30分9个篮板与敌周旋，也仅坚持了半场。

该赛季公牛队联盟第一的防守在首战威力尽显。锡伯杜对“詹韦”实行包夹，放空波什，同时加快防守轮转速度，在掐灭詹、韦这两个火力点的同时，也切断了他们和本队角色球员的联系，邓对詹姆斯的单防也颇见成效。当然，坊间还有一种说法，称詹姆斯在首战前夜兴奋过度，导致第二天在赛场上化身“软脚虾”。

此外，公牛队首战命中率并不高（43.7%），却凭借19：6的进攻篮板，凭空多出19次出手，结果也仅比热火队多命中6球。三分球是公牛队获胜的另一法宝，该场公牛队三分21中10，令热火队三分（8中3）相形见绌。

若有预知未来的能力，本场赛后罗斯定会像歌德笔下的浮士德那样喊出：**“你真美啊，请停留。”**他的季后赛生涯巅峰，永远定格在这一刻。

第四节 最后的巅峰

2010-2011赛季常规赛，公牛队三战热火队全部获胜。算上2011年东决首战，短短一个赛季，热火队竟连续4场不敌同一个对手，这对刚组建了豪华阵容志在夺冠的热火队而言是不可思议的。然而，就在芝加哥球迷翘首以盼13年后总决赛重返“风之城”时，命运却和公牛队开了个大大的玩笑。

怕什么来什么

东决首战以103∶82大胜热火队，看似可喜，但仔细想来，坐镇主场又是常规赛东区头名的公牛队，只算完成了例行任务而已。接下来，倘若在第二个主场有所闪失，优势会瞬间转化为劣势。

但正如“墨菲定律”所说：“如果事情有变坏的可能，不管这种可能性有多小，它总会发生。”2011年东决G2，芝加哥球迷好不容易积攒起来的好心情瞬间跌入冰谷。

该场公牛队首节仍领先，但随后进攻效率却直线走低，整个下半场公牛队仅得29分，第四节仅得10分。尽管公牛队的防守让热火队在末节也仅得14分，全场85分也仅比首战多了3分，但公牛队仅得75分，却足足比首战少了28分。即便将常规赛82场也算在内，75分也刷新了2010-2011赛季公牛队单场最低得分纪录。

MIAMI
6

罗斯难辞其咎。全场他23投仅7中，三分3投尽没，罚球10中7，得到21分6个篮板8次助攻。受其感染，洛尔·邓15中5，布泽尔10中3，科沃尔7中1，三人合计仅得23分。公牛队总命中率仅为34.1%，出手20记三分，仅命中可怜的3球，徒唤奈何。

遭遇反制

系列赛移师迈阿密，公牛队将士满腹狐疑地来到南海岸，等待他们的是又一个手感欠佳的夜晚，以85∶96落败。该场，罗斯19投8中，其中三分3中1，罚球3中3，得到20分5个篮板5次助攻。布泽尔同样19投8中，但凭借12中10的罚球，他拿下26分17个篮板2次盖帽。

但在罗斯和布泽尔苦苦寻觅丢失的瞄准镜时，却愕然发现“詹韦”组合早已逃出生天。G2，他二人就联手拿下53分，宣告公牛队的防守策略失效。G3中韦德手感冰凉，但波什重焕生机，全场18中13，罚球10中8，轰下34分5个篮板。再加上詹姆斯22分6个篮板10次助攻2次抢断2次盖帽的全能表现，热火队在主场凯旋。

本欲掐住热火队的咽喉，却不料被热火队抓住了七寸。系列赛之初，公牛队在防守“詹韦”组合上费心劳神，殊不知对手也在钻研公牛队，罗斯成为他们重点看护的目标。系列赛迄今罗斯的手感持续走低，但套用一句广告词：“没有最糟，只有更糟。”

G4赛后，盯着技术统计表，罗斯无法相信自己的眼睛。该场他27投仅8中，命中率仅为29.6%，三分出手9次仅命中1球。尽管他仍得到23分6次助攻，却出现多达7次失误。这不是2011年季后赛罗斯命中率最低的一场，当然也不是得分最少的一场，但若综合来看，称其是表现最离谱的一场，应不为过。

当然，韦德的手感也未恢复，双方都呈现出三核心中一人挖坑、两人奋

东部决赛第三场，罗斯在波什的补防下投篮，本场比赛波什成为热火队赢球的最大功臣。

受到重点盯防的罗斯手感不佳，他本人面色凝重。

力填坑的态势。热火队这边是詹姆斯和波什，二人合力拿下57分；公牛队这边则是布泽尔和洛尔·邓，二人合砍40分，命中率高达五成。

因此，比赛无法速战速决，被拖入加时。第四节终场前，罗斯2罚1中，追平比分，但他随后2投全部偏出，距绝杀咫尺之遥。糟糕的手感也延续到加时赛中。整个加时赛，罗斯3投0中颗粒无收，热火队以101：93再下一城。

绝望的反击

总比分1：3落后，公牛队已被逼入绝境。这让他们在G5的反击更犀利，结局也更为悲壮。

该场第四节至今仍是芝加哥球迷不愿提及的痛。还剩3分14秒时，公牛队还以77：65领先12分。见此情形，不管是场边的解说员，还是电视机前的评论员们，都已开始为系列赛后续如何发展打起了腹稿。而总比分领先还握有一个主场的热火队貌似也显得意兴阑珊。

就在此时，风云突变。在公牛队领先到12分仅10秒后，系列赛一直饱受膝伤困扰的韦德祭出招牌式突破，迅速拿下2分。随后，罗斯传球被韦德抄截，后者转过头来快攻得手，哨声大作，罗斯犯规，2+1，但韦德加罚未中。

一股微妙的气氛在场上蔓延开来。随后，泰·吉布森跳投偏出，“詹韦”连线，詹姆斯在三分线外手起刀落，分差瞬间被缩小到5分，此时距比赛结束还有2分07秒。

见此情形，罗斯奋力突破拿下2分，但尚未能安抚浮动的军心，他却铸成大错。1分30秒，又是“詹韦”连线，这回换韦德出手。就在他投出的三分以优美的弧线落入网中时，刺耳的哨声再响，罗斯的手触碰到韦德的肘部，3+1！

恍惚间，联合中心的球迷貌似时空穿越到12年前的麦迪逊广场花园。1999年东决G3，尼克斯队前锋拉里·约翰逊也曾在终场前5.7秒完成“打四分”，率尼克斯队死里逃生，最终以4：2晋级。和“大妈”一样，韦德也笑纳大礼。

罗斯越发急躁，跳投未果，随后又失误，詹姆斯借机连得5分，热火队在终场前30秒反超。此时公牛队众将已身处绝望的边缘。20秒暂停后，罗斯造成詹姆斯犯规，却鬼使神差地2罚1中。波什2罚2中后，罗斯绝望的三分又被詹姆斯一掌扇飞，芝加哥球迷被迫看着对手在联合中心庆祝加冕东区冠军。热火队用一波18：3，让芝加哥遭遇了悲惨的**“黑色三分钟”**。

梦犹未醒

没有更多的言语可以抚慰受伤的心灵。2011年东决，罗斯场均得到23.4

稍显稚嫩的罗斯没能带队战胜三巨头领衔的热火队。

分4个篮板6.6次助攻，但总命中率仅为35%，三分命中率更是离谱的23.3%。芝加哥球迷不忍苛责他们的MVP，他们乐观地认为，罗斯毕竟还年轻，还有的是时间率公牛队再创辉煌。谁也不会料到，2011年季后赛竟然成为迄今为止，罗斯最为成功的一届季后赛了。

正所谓**“矗立在地球的两极，不管向哪边迈出一步，都会走向相反的方向。”**古人也在诗中感叹：“人生得意须尽欢，莫使金樽空对月。”《西西弗斯神话》中，西西弗斯将大石推至山顶的唯一结局，是目送大石再次滚下山去。春风桃李花开日，白马银枪少年时，纵横驰骋何雄哉，不觉天边日迟迟。

罗斯是幸运的，拥有了生涯最高光赛季，彪炳史册，流芳后世；罗斯又是不幸的，最高光赛季同时也是生涯最大转折的前奏。罗斯的2010-2011赛季就这样踏着欢快的脚步蹦蹦跳跳而去，只留罗斯栖身于“风之城”巨大的剪影中。天亮了，梦未醒。

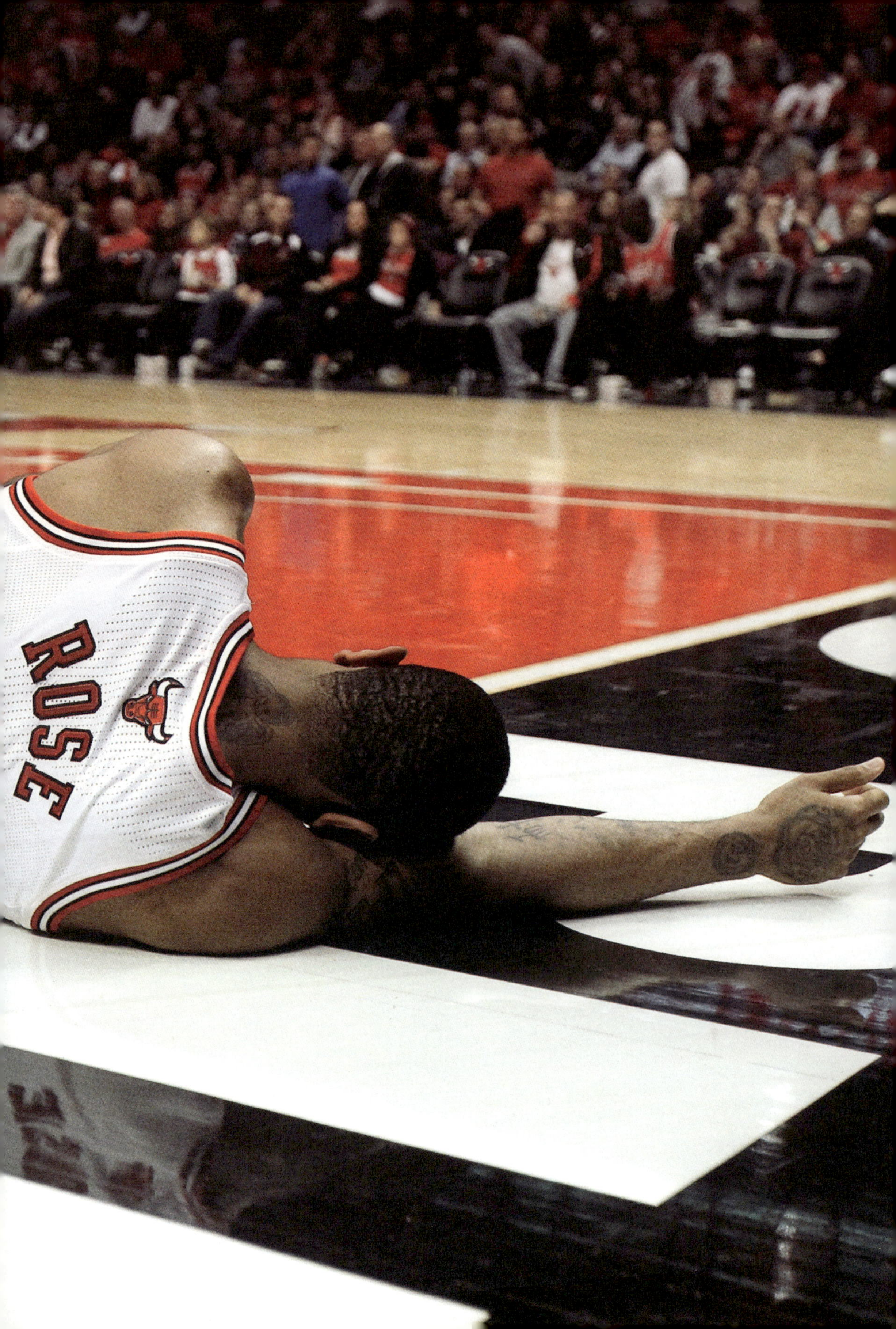
ROSE

第五章·

风城之殇（上）

ROSE

第一节 罗斯条款

在度过了波澜壮阔的2010-2011赛季后，一场突如其来的风暴席卷了整个NBA，而罗斯在2011年也将以别具一格的方式，将自己的名字留在NBA历史上。

停摆风波

2010年休赛期，詹姆斯南下迈阿密，热火队三巨头威震联盟。热火队的“一夜暴富”使得现行劳资协议也成了各队老板的眼中钉、肉中刺，他们纷纷呼吁联盟出手干预类似的巨星抱团。

其后，2010-2011赛季如火如荼般展开，但一股暗流已在地底涌动。2011年全明星周末期间，联盟高层透露，联盟每年亏损赤字已达3亿美元，处于亏损状态的球队多达22支，为此他们希望将球员薪水占比降到50%以下，同时效法NFL和NHL出台硬工资帽。这两项也成为当年劳资谈判最核心的两大议题。

在旧版劳资协议施行的最后一天，即6月30日，劳资谈判破裂，停摆在7月1日正式到来。受到NBA停摆冲击最大的无疑是球员。一时间，全美各地的次级别赛事和地方性赛事突然涌入了大量的NBA球星。还有一些中低收入球员纷纷选择前往海外联赛淘金，据统计一共有超过70名球员远渡重洋。

转机说来就来。11月26日，经过15个小时艰苦的拉锯战，劳资双方达成协议，球员同意将薪资占比降至51.2%，接下来数年调整幅度在49%到51%之间浮动。12月8日，新版劳资协议正式达成，宣告长达149天的停摆结束。

2011-2012赛季常规赛季被缩短到66场，休赛期和训练营同时在12月9日开启，6天后的12月25日，常规赛就将烽烟再起。如此紧促，使得球员们无法拥有充足的训练和备战时间，超负荷运转又加剧了受伤的风险。

喜获顶薪

不过，罗斯当时尚未意识到，联盟这149天发生的一切，将会对他的生涯产生多么重大的影响。就在新版劳资协议达成后没多久，公牛队奉上了一份五年9480万美元的顶薪合同，罗斯欣然提笔签上了自己的大名。

罗斯拍摄新赛季定妆照，
签下大合同的他心情很不错。

如此礼遇，在当时看来顺理成章，但就在数年前却还只是罗斯和其家人一个遥不可及的梦想。能情定家乡球队，能在这里当选MVP，还能在这里续签顶薪合同，这样的故事完美得令人难以置信，宛如在童话中。而对芝加哥而言，罗斯自然就是童话中那个生出双翅的守护天使。

罗斯顶薪续约，也让一个新名词自此步入NBA历史。

以“玫瑰”之名

在2011年底达成的新版劳资协议中，有一项专为处于新秀合同期内的球员而设的条款，这就是**“罗斯条款”**。罗斯并非第一个使用这个条款的球员，但能让NBA新出炉的条款标上自己的大名，对罗斯而言仍是莫大的荣耀。

该条款是指一名球员在新秀合同结束，签订生涯第二份合同时，能够得到一份起薪占顶薪工资帽30%的顶薪合同，但需要满足以下任意一个条件：在新秀合同期内当选过常规赛MVP，或两次被选为全明星先发，或两次入选年度最佳阵容（从一阵到三阵皆可）。由于当时符合条件的仅罗斯一人，故被称为“罗斯条款”。

联盟推出“罗斯条款”的意义在于，可以让那些在新秀合同期内明显优于同侪的菜鸟，能获得额外奖励，而不用在新秀合同到期后，必须按“指定球员条款”获得起薪占工资帽25%的新合同。

其实，在2011年新版劳资协议中，“罗斯条款”属于“指定球员条款”的一种，是在满足特定条件下的一种升级。而“指定球员条款”相比过去最大的变化，就是允许球队可以和本队新秀续签一份为期五年的顶薪合同，而非四年。

不管是“罗斯条款”中的起薪占顶薪工资帽30%，还是“指定球员条款”中规定的五年合同年限，都可以看出，其实联盟在奖励“出名要趁早”的青年才俊的同时，也在为母队留下这些青年才俊创造更有利条件，初衷自然还是为了帮扶小城市球队，使他们在和新秀商谈续约时，至少在新合同的金额和年限上能获得其他追逐者没有的优势。

前人栽树后人乘凉

不过，如果考虑到第一位受益者，这个条款或许该更名为“杜兰特条款”。

在“罗斯条款”出台前的2010年休赛期，杜兰特已和雷霆续签了一份五年8600万美元的新合同，将在2011-2012赛季生效。但在2010-2011赛季，仍处于新秀合同期内的杜兰特第2次入选最佳一阵，达到了触发“罗斯条款”的条件。最终，联盟出面掏腰包，补足了杜兰特多出来的1250万美元薪资，但要计入到雷霆队的薪资空间。

坊间有一种说法，正是多出来的这1250万美元，成为“压垮骆驼的最后一根稻草”。2012年休赛期，同时面临伊巴卡和哈登续约问题的雷霆队，因不愿缴纳奢侈税，被迫将哈登送至火箭队。说“雷霆三少”的未来被“罗斯条款”扼杀在襁褓中，并不为过。

这还使威斯布鲁克成为迄今唯一放弃激活“罗斯条款”的球员。2010-2011赛季，威斯布鲁克入选最佳阵容第二阵容，但雷霆仅给他开出一份年限五年、起薪占工资帽25%的合同。为球队考虑，在2011-2012赛季连续入选最佳二阵的威斯布鲁克对“罗斯条款”说了不。可惜，他的牺牲并未留住哈登。

格里芬、保罗·乔治和利拉德也相继成为“罗斯条款”的受益人。

2012年休赛期，格里芬以五年9500万合同续约快船队。当时格里芬在2011-2012赛季已入选最佳二阵，而2012-2013赛季他连续入选，并连续两个赛季成为全明星先发，激活“罗斯条款”。

2013年，乔治也获得了同等待遇。2012-2013赛季，乔治入选最佳三阵。于是，在2013年休赛期，步行者队也奉上了一份附带奖励条件的顶薪合同。结果，在2013-2014赛季乔治再次入选最佳三阵，喜滋滋地将五年9000万美元的合同尽数收入囊中。

2015年开拓者队给利拉德奉上了总额五年1.2亿美元且附带激励条件的新合同。当时利拉德两次入选全明星但皆为替补，但已入选了一次最佳三阵。2015-2016赛季，利拉德不负众望，成功入选最佳二阵，触发“罗斯条款”。

多年后，在做客《丹·帕特里克秀》节目时，罗斯曾现身说法谈起了“罗斯条款”，他自称这个条款帮助了初来乍到NBA的年轻人，在某种程度上也促进了NBA的发展，并告诉年轻人：**“只要做你该做的事，并能做得很好，就会有更多金钱上的奖励。”**

这是罗斯对后辈的勉励，同时也是对自己的一种肯定。

“罗斯条款”帮助多位潜力新星得到了更多金钱奖励。

第二节 霉运不断

在中国古典章回小说中，当书中人物要踏上一段未知的旅程时，有时全知全能的作者会从书中跳出来，称如果他可以，定会要劝阻书中人物不要前往，因为前路凶险。而如果有球迷从现在穿越回2011-2012赛季前，肯定也会劝阻罗斯踏上新赛季的征程，至少也要劝他万分小心。因为这一季对罗斯而言也是凶险之极，**他的生涯也就此被生生切断成两半。**

暗流涌动

但在当时，芝加哥却是一派歌舞升平。公牛队虽未能闯入总决赛，但13年来首次进入东决足以令人满意。罗斯成为新科常规赛MVP，还在2011年休赛期以一纸五年顶薪合同，将自己的未来五年都托付给了“风之城”。自乔丹退役后，芝加哥的前景从未如此光明。大家乐在其中，没人会留意到在风之城的地下早已暗流涌动，只待一个时机就将喷薄而出。

2011年圣诞节貌似又渲染了这种欢快的气氛，2011-2012赛季就这样踏着轻盈的脚步而来。揭幕战，罗斯13中9，其中三分6中4，得到22分5次助攻，率队在斯台普斯一分险胜湖人队，从客场凯旋。该场，罗斯在终场前4.8秒抛投命中准绝杀，科比则错失绝杀，让他该场所得的28分7个篮板6次助攻打了水漂。

尽管第2场不敌勇士队，但公牛队随后却是连胜一波接着一波。6连胜被

2011 年 12 月 25 日，罗斯抛投绝杀湖人队。

终结后，5连胜接踵而至，随后又是4连胜，取得了16胜3负的完美开局。

只是罗斯却在此时出了些状况。连续出战了前11场比赛后，他在1月11日对阵奇才队的比赛中作壁上观；复出参加了2场后，他又连续缺席1月16日至21日的4场比赛，但公牛队却取得3胜1负。当时的人们尚不知，打打停停会成为这个赛季罗斯的常态。

连续出战了10场后，从2月10日到18日，罗斯又连续5场高挂免战牌，公牛队取得3胜2负。接着连续出战11场后，罗斯请了本季最长的假，从3月14日到4月10日，连续14场比赛他缺席了13场，其间连续缺席的场次更达到了12场。而从4月16日到常规赛收官这6场，他也仅出战了2场。

由此算下来，该赛季66场比赛，罗斯出战39场，出勤率仅为59%。如果换算成完整的82场，那么罗斯的出场数甚至不足50场。这39场，罗斯场均出

受到伤病影响，
罗斯在 2011-2012 赛季多次缺席比赛。

战35.3分钟，得到21.8分3.4个篮板7.9次助攻，总命中率43.5%，三分命中率31.2%。和上个赛季相比，他的场均出场时间、得分、篮板和两项命中率都出现了下滑，唯有助攻再攀新高，缔造生涯新纪录。

不祥之兆

2012年全明星投票也彰显了罗斯的超高人气。他连续第2年被选为全明星先发，共得到1514723张选票，在联盟高居第三，仅次于“票王”、当年全明星东道主的霍华德（1600390张选票）和科比（1555479张选票）。

2月26日，在奥兰多进行的全明星正赛上，罗斯和詹姆斯、韦德、霍华德、安东尼联袂先发出场，他出战18分17秒，8投6中，其中三分2中2，得到14分3次助攻。全明星赛MVP由率领西区明星队以152：149战胜东区明星队，且全场25投14中拿下36分7个篮板3次助攻3次抢断的杜兰特所获得。

但如今提到罗斯的2011-2012赛季，人们脑海中还是首先会蹦出“伤病”这个讨厌的字眼。该赛季也的确是罗斯的伤病开始集中爆发的一年。翻开罗斯的伤病史，会发现以下这些触目惊心的记录：2012年1月11日和16日，罗斯左脚大拇指2次扭伤，共停赛5场；2月10日，罗斯背部痉挛，停赛5场；3月14日，罗斯腹股沟拉伤，停赛12场；4月10日，罗斯右脚踝扭伤，停赛1场；4月16日，罗斯右脚疼痛，停赛3场。

再来作一番对比则更令人唏嘘。在2011-2012赛季前，罗斯仅有3次因伤缺席，合计仅缺席6场，分别是：2009年3月24日右手腕受伤，停赛1场；2010年3月12日，左手腕扭伤，停赛4场；同年11月26日脖子受伤，停赛1场。换句话说，生涯前3季堪称金刚不坏之身的罗斯，却在2011-2012赛季霉运当头。

涓涓细流汇聚，终有令堤坝决口的那一天。罗斯在2011-2012赛季持续不断的小伤累积，终于临近了爆发的那一天。

罗斯 全明星赛详细数据

赛季	2009–2010	2010–2011	2011–2012
首发	0	1	1
时间	15.0	29.0	18.0
投篮命中率	50.00%	38.50%	75.00%
篮板	0	3	1
助攻	4	5	3
抢断	3	1	0
盖帽	0	0	0
失误	1	1	2
犯规	0	0	1
得分	8	11	14

CHICAGO
BULLS

第三节

生涯分水岭（上）

在NBA史上不乏被伤病毁掉的天才，球迷们对此可谓如数家珍。从在NCAA风光无限的比尔·沃顿，到先后被冠以“乔丹接班人”的格兰特·希尔和“便士”哈达威；从在开拓者昙花一现的布兰顿·罗伊，到2007年状元秀格雷格·奥登。而在这份长长的名单中，我们很不幸地看到了罗斯的名字。

不愿回首的一幕

后来谈及罗斯在2012年首轮G1的那次重伤，当时效力公牛队的诺阿曾坚称，这断送了公牛队在该赛季的夺冠希望。他相信，如果罗斯没伤，2012年总冠军奖杯不会被捧回迈阿密。“直到今天我也坚持认为，（公牛队夺冠）是毫无疑问的，毕竟当时根本没有球队能够战胜我们。”诺阿说。

看过2011-2012赛季季后赛开打前的形势，就可知诺阿并非是在信口开河。在那个缩水赛季，公牛队取得50胜16负，胜率75.8%，和西区的马刺队持平，又因为胜负关系（公牛队在赛季中曾击败过马刺队），而得以独享联盟第一。这意味着，从首轮到总决赛，公牛队将享有全部的主场优势。这对于该赛季主场胜率高达78.8%的公牛队而言，将是他们争冠路上的一大利好。更何况，他们还将拥有健康的罗斯。

公牛队首轮的对手将是东区第八、常规赛35胜31负的76人队。彼时的76

人队尚未进入暗无天日的摆烂时期，球队由安德烈·伊戈达拉、埃尔顿·布兰德、朱·霍勒迪、赛迪斯·杨和路易斯·威廉姆斯等球员领衔，防守效率高居联盟前三，但进攻效率仅排第20位，典型的重守轻攻。

这样的对手对于公牛队而言是难以构成实质威胁的，首轮也被视为走过场。一切也正如人们赛前所料。前三节战罢，公牛队已领先13分。终场前7分53秒，公牛队领先16分，大家本以为本场将进入漫长的垃圾时间，但在看到身

公牛队面对 76 人队的季后赛第一场，罗斯持球面对“路威”的防守。

穿公牛队1号球衣的罗斯走向场边准备替换队友时，大家突然有了精神，同时还有些狐疑。

没错，在公牛队基本拿下比赛的时候，本该提前休息的罗斯又重新披挂上阵。而且他可不是来打酱油的。登场后，罗斯立刻连续送出助攻，洛尔·邓和科沃尔接连跳投得手，后者投桃报李，罗斯也命中投篮。随后，眼看比赛大局已定，公牛队却没有丝毫要将罗斯换下的意思，就这样拖到终场前还剩1分22秒时，终于出事了。

当时，罗斯持球推进到篮下，面对76人队大中锋斯潘塞·霍伊斯，罗斯一个假动作，突然向右侧一个跳步，闪到了霍伊斯左侧的空当。但此时，罗斯的左腿却突然一个趔趄，随后他面对布兰德勉强跳起，然后重重摔倒在地板上，手捂着左膝，表情痛苦，许久未能起身。

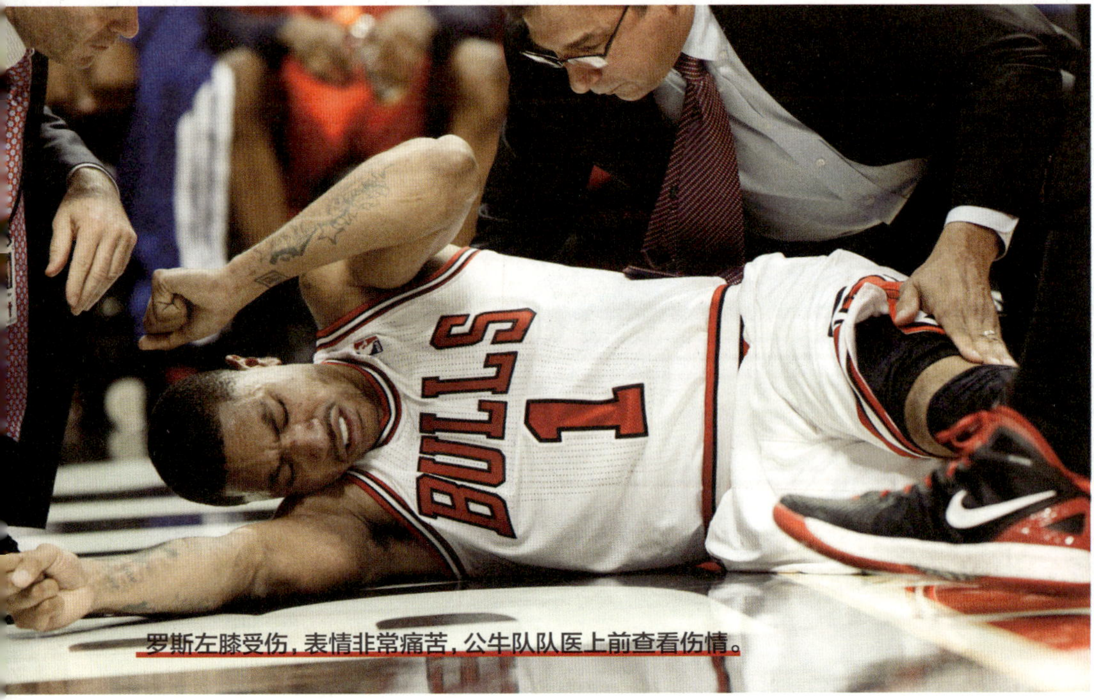

罗斯左膝受伤，表情非常痛苦，公牛队队医上前查看伤情。

眼看情况不妙，76人队呼叫暂停，队友和队医急忙聚拢来查看罗斯的伤情，随后罗斯被迫离场，被送往医院，不久公牛队就听到了他们最不愿听到的消息。而当球迷们从公牛队官方获悉，罗斯因左膝前交叉韧带撕裂而赛季报销的消息时，无不心如死灰。半个月后，罗斯接受了手术，预计恢复期8到12个月。

罪魁祸首

其实，翻开此前罗斯的伤病史，他并非是一位常年流连病榻的伤号，反而他的病历本可谓干干净净。考虑到罗斯那长驱直入、偏重于持球突破的硬朗

罗斯的伤情被诊断为左膝前交叉韧带撕裂。

球风，这多少是有些出人意料的。不过，罗斯对缩水赛季的紧密赛程显然估计不足，在常规赛期间就小伤不断，而更令罗斯郁闷的是，他甚至来不及喘上一口气。为此，罗斯一度归咎于NBA总裁斯特恩，将“贪婪”这一形容词安在他的头上。

其实，罗斯这次重伤，或许还要更多从自身找原因。正所谓见微知著，从2011-2012赛季一些细微的变化上，我们或可一窥罗斯遭此磨难的真因。

从出手分布上来看，2011-2012赛季罗斯在篮下3英尺和距篮筐3到10英尺这两大区域的出手占比，分别达到31.7%和18.3%，后者缔造生涯新高，前者也创罗斯生涯当时的第二高纪录，仅次于菜鸟赛季的39.2%。与此同时，该赛季罗斯的两分球受助攻率（17.3%）和三分球受助攻率（50%）却都创生涯新低。

这意味着，罗斯在本季再次增加了突破到篮下的进攻比重，且持球完成突破的比例也进一步上升，无球的戏份进一步缩减。也就是说，2011-2012赛季罗斯将自己素来惯有的持球突破型打法，又向前推进了一步。偏偏这样的推进还是发生在赛程密集的缩水赛季，自然加剧了身体的负荷和损耗。

此外，该赛季公牛队贵为常规赛头名，罗斯又加冕MVP，外界的期待也由此被调高。而公牛队自从乔丹于1998年退役后，对总冠军的渴求已臻于顶点。芝加哥球迷无不翘首以盼，巴望着罗斯能带他们重返曾经令他们无比熟悉的舞台。在这种高期待下，带伤出战对罗斯而言也就成了家常便饭。

2002年世界杯，卫冕冠军法国队竟在小组赛打道回府，国内某知名媒体曾为此冠上一个令人动容的标题：“为齐达内哭泣”。但尼克斯队名宿帕特里克·尤因在谈到终生无冠时，也曾说过一句名言：“我不会为打翻一杯牛奶而哭泣。”或许，在罗斯生涯最重大转折面前，眼泪真心是廉价的。

第四节 生涯分水岭（下）

罗斯重伤报销，如同小行星撞击地球，**掀起了弥漫全球的滔天巨浪**。

众矢之的

当时的人们还不习惯从罗斯身上找原因，公牛队主帅锡伯杜随即成为众矢之的。大家纷纷质疑他为何让常规赛期间就伤病不断的罗斯，在胜负已定的情况下，还在场上出战这么久的时间？面对记者的长枪短炮，锡伯杜回应称，在第四节还剩7分52秒时，罗斯是应该出场的，公牛队得依靠他来给比赛画上一个句号。锡伯杜承认，他们当时并没有很好地处理相关事宜，这就是他所有的想法。

活塞队冠军队主力、当时效力公牛队的“面具侠”理查德·汉密尔顿为锡伯杜辩护称，在罗斯受伤前，最多曾落后20分的76人队已顽强地将分差迫近到12分，这是锡伯杜不敢将罗斯换下场的原因，而悲剧就在此刻发生。“当时76人队掀起反扑，而在季后赛比赛中，你永远不想给对手以信心，”汉密尔顿说，“绝不能让对手重新觉得比赛有戏，不能让他们打出小高潮，因此我们需要有球员能将球送进篮筐。”

公牛队主教练锡伯杜接受记者的采访。

诺阿也在提及往事时为主帅开脱。他称锡伯杜就是最优秀的教练，也是一名斗士，他们的关系一直很好，他对当时公牛队的将帅只有爱，但的确是伤病让那支公牛队偏离了正确的轨道。洛尔·邓也说："我不知道你们为何要质疑教练，这可是一场季后赛，你必须亲手终结比赛。即便你领先，你也至少得和他们再见3次面。德里克当时打得不错，我们希望他继续保持比赛节奏。"

时任76人队主帅道格·柯林斯也为对手主帅撑腰。"首先要明确的一点是，锡伯杜是前一季的年度最佳教练，"柯林斯说，"他知道该怎么执教球队。他是我的朋友，我对他抱有很大敬意。从他的角度来看，他只是想要以他认可的方式来终结比赛罢了。德里克受伤令人难过，因为我总是想要和最强的对手对决。"

76 人队主教练道格·柯林斯曾经执教过公牛队。

错过就是永远

不过，即便在公牛队内部，对锡伯杜的质疑也未曾停止。在该赛季常规赛中，目睹罗斯打打停停，公牛队老板杰里·雷因斯多夫就曾在2012年2月表示，他有时也对罗斯是否该坚持比赛心存疑虑。

在接受ESPN驻芝加哥记者梅丽莎·伊萨克森采访时，雷因斯多夫曾说："有些人会边看比赛边想：'为什么你们还不让他休息？'我也是其中之一。当年乔丹还是球员时，他也是在比赛末尾已大比分领先时还待在场上。我当时曾问过菲尔·杰克逊：'为什么你不把他换下来？'菲尔却回答：'当年我效力尼克斯队时，曾有一次对手在比赛末尾连得23分，把我们给赢了。'反正我说的话，菲尔是一句也听不进去。"

其实，自从3月12日受伤以来，罗斯就从未连续出战超过2场比赛。布泽尔谈到此，无比心疼罗斯。“这简直是太难了，”布泽尔言语中隐约流露出对锡伯杜的不满，“德里克简直是连松口气的机会都没有。我很同情他，他这个赛季真是一刻也不能歇。”失去罗斯，也让公牛队在首轮G1获胜后陷入了死寂。科沃尔直言：“这是最令人难过的胜利。但不管怎样，我们得继续努力。本季我们打过多场没有德里克的比赛，或许这有助于我们备战。”

但科沃尔对形势的估计仍过于乐观了。没有罗斯的公牛队接下来连败3场。退无可退的他们在G5拼死一搏，夺回一胜，但也不过是苟延残喘罢了。最终，身为该季夺冠大热门的公牛队，就这样令人遗憾地在首轮被76人队以4：2淘汰。这是NBA史上第5次“黑八”，是距现在最近的一次，同时也被认为是最悲惨的一次。

罗斯这次重伤对联盟格局的影响是深远的。公牛队自乔丹退役后复兴的梦想就此被束之高阁，拥有三巨头的热火队也借此避开了夺冠路上的一大劲敌，詹姆斯也就此开启了对东区长达8年的统治。

曾经，罗斯是詹姆斯在东区最强劲的对手之一，曾从詹姆斯那里虎口夺食，夺得了2011年MVP。然而，MVP可夺，冠军奖杯却不可夺，詹姆斯将其牢牢掌握在手中，罗斯也只能徒唤奈何。多年后，罗斯或许才明白，**有些人，有些事，一旦错过就是永远。**

罗斯受伤使得公牛队实力大损，
最终他们被 76 人队淘汰出局。

第六章·

风城之殇（下）

ROSE

第一节 复出还是等待

对于重伤的NBA球员而言，身体上的伤痛难以克服，心理上的障碍更难跨越。要想迈过心理关，既需要自身强大，也需要身边人的理解。不过，在2012-2013赛季，围绕罗斯是否该复出一事，罗斯身边出现了不和谐的声音，他和公牛队的关系貌似也并非铁板一块。

心伤难愈

2012年5月12日，罗斯接受手术，术后预计恢复期为8到12个月。到了2013年1月，罗斯已可以接受全对抗训练。到了3月，更传出了一则令芝加哥球

2012 年 9 月 13 日，手术后的罗斯参加活动时掩面哭泣。

迷振奋的消息，医生为罗斯开了绿灯，认为他已痊愈，可以复出参赛，且不会轻易复发。

但罗斯的态度却令人玩味。在接受ESPN记者多丽丝·伯克采访时，罗斯坚称自己尚未100%恢复，仍没有足够的信心重新投入到比赛中去。他承认的确在过去数月都在进行全对抗训练，但外人不知的是，每次训练结束后，他的腿部肌肉都会出现“烧灼感”。

针对网上流出他已能用左脚起跳扣篮的录像，罗斯回应称，录像没有假，但他用左腿起跳时并非那么自如。因此，尽管有媒体预测罗斯会在3月中旬复出，但人们都过于乐观了。

罗斯的态度引起争议。在人们的刻板印象中，一名重伤的球星在谈及恢复进度时，仅能有两种意见可表达：一是恢复过程太无聊，迫不及待重返赛场；二是看着队友场上厮杀却无能为力，感觉很难熬。大家总是乐于看到球星跃跃欲试，积极求战，却被球队死死摁住的场面，认为球星这么做才是喜闻乐见的。

2013年2月28日，罗斯参加了公牛队的赛前训练。

因此，罗斯没有在医生点头后欢天喜地复出，反而躲躲闪闪，这是令人不解的。立刻有传言流出，称罗斯因复出一事和公牛队高层产生不快，甚至罗斯的二哥雷吉还跳出来，炮轰公牛队高层不负责任。

缺席的赛季

公牛队总经理福尔曼被迫出面予以澄清。在接受《芝加哥论坛报》采访时，福尔曼坚称，公牛队和罗斯之间不存在任何冲突，反而一直保持积极沟通。罗斯的伤情并未出现反复，每天都在见好，在复出日期上双方是一致的。但福尔曼拒绝对医生许可罗斯复出一事做出回应。

公牛队主教练锡伯杜也在谈及罗斯复出日期时表示：“等时机成熟了，德里克自然会复出。如今，我们队内还能参赛的球员们要保持专注，做好备战，德里克也要专注于恢复。”

球迷们希望罗斯复出，是认为他的复出能给公牛队打一针强心剂，去挑战卫冕冠军热火队。但ESPN驻芝加哥记者迈克尔·威尔伯恩却劝说罗斯三思，毕竟2012-2013赛季的热火队势头强劲，罗斯即便复出，也只能沦为热火队卫冕的背景帝。与其这样，不如等血槽满格后再复出。他这一番话说到了罗斯心坎上。

由此，直到2013年东区次轮公牛队1：4再次倒在热火队脚下为止，球迷们都没再看到罗斯的身影。

2012-2013 赛季季后赛次轮，公牛队不敌热火队遭到淘汰，无法出场的罗斯只能在场下观战。

悲剧的前夜

罗斯的再度亮相拖到了2013年季前赛。10月5日，在对阵步行者队的比赛中，他出战20分钟拿下13分，此时距他在2012年首轮告别赛场，已过去了17个月。11天后，罗斯伤后首次重返芝加哥，在对阵活塞队的比赛中得到22分。

赛后，罗斯略带欣喜地说：“我觉得现在我的爆发力更强了，身体对抗能力也提升了些许。此外，我貌似也跳得更高了。他们曾测过我的垂直弹跳，真的高了5英寸。”

即便只是季前赛，但看到自己场均20.7分5次助攻的成绩单，罗斯仍有理由开心。10月29日揭幕战对阵热火队，是罗斯重伤后参加的首场常规赛，他15投中4（三分7中1）得到12分4次助攻，失误5次。一切证明他仍需时间。

谁也没料到，罗斯的状态恢复得如此之快。10月31日，赛季第二场，主场对阵卡梅罗·安东尼领军的尼克斯队，罗斯尽管23投仅7中，却奉献了令人血脉偾张的一幕。

终场前11秒，泰森·钱德勒2罚1中，尼克斯队以81∶80领先。罗斯持球从侧翼迅速杀至篮下，在钱德勒和雷蒙德·费尔顿跳起封堵前，罗斯迅速出手抛投，球应声入网，完成准绝杀。费尔顿见状摊开双手，一脸无奈。随后，安东尼和钱德勒两次绝杀未果，公牛队笑到最后。赛后，罗斯兴奋地说：**“我就是需要这样的进球来重塑信心，这将是我生涯的又一座里程碑。”**

当时，没人会料到，22天后，罗斯的2013-2014赛季仍将以悲剧收场。

2013 年 11 月 1 日，
罗斯在公牛队对阵尼克斯队的比赛中突破上篮。

第二节 再度重伤

久疏战阵的球星回到赛场，总要面对艰难的挑战，除了重拾昔日的状态外，也得重新用精彩表现挽回球迷的心，毕竟球迷大多是健忘而缺乏宽容的。2013-2014赛季初的罗斯就是如此。正因为此，他才会为区区季前赛的表现而无比欣喜；正因为此，他才会为一场常规赛的准绝杀而激动不已。但也正是在这个赛季，罗斯明白了何为**“心强命不强”**。

阴霾重现

在对阵尼克斯队的比赛中完成准绝杀后，公牛队连败给76人队和步行者队，但随后却打出一波久违的5连胜。在此期间，罗斯的表现起伏不定，还曾因为腿筋疼痛而缺席过一场比赛。翻开罗斯该赛季前9场的数据统计，其表现是令人大摇其头的。他场均得到15.4分3个篮板4.4次助攻，总命中率35.9%，三分命中率33.3%。球迷明白，这不是罗斯的真实水平，昔日的MVP仍离他们有十万八千里。

但最终他们也没等来MVP归来的这一天。北京时间2013年11月23日，公牛队迎来6连客的第2场，同时也是背靠背第2场，对手是开拓者队。刚从丹佛雪域高原上走下的罗斯来不及休整，就重新投入到比赛中。若在当今，像罗斯这种情况，大多会被球队安排轮休，何况前一场他还出战了33分钟，但在当时，公牛队并没有这方面的打算。

于是，人们不愿看到的一幕再度上演。本场上半场，罗斯16投5中得到17分4个篮板，公牛队领先15分，形势很好。但在第三节还剩3分30秒时，场上风云突变。诺阿传球给罗斯，却被尼古拉斯·巴图姆断掉，罗斯立刻转身想要回防，却在没有任何身体接触的情况下受伤，只能在场上踽步前行，已无暇顾及对手。在韦斯利·马修斯跳投未果后，科克·辛里奇抓下篮板，公牛队立刻呼叫暂停。

随后，罗斯在场边做了简单治疗后，被迫戴上护具，在工作人员的搀扶下退出比赛。他再出现在人们面前时已换上了休闲服，拄上了拐杖。公牛队方面初步传出的消息是，罗斯将不会参加6连客剩余的4场比赛。

隔天，公牛队更新了罗斯的伤情，通过在洛杉矶进行的核磁共振检查，发现罗斯的左膝内侧半月板撕裂，将在近日内重返芝加哥接受手术。当这样一条触目惊心的消息出现在球迷眼前时，他们的心又凉了半截。大家都明白，这意味着罗斯的2013-2014赛季又提前画上了句号。

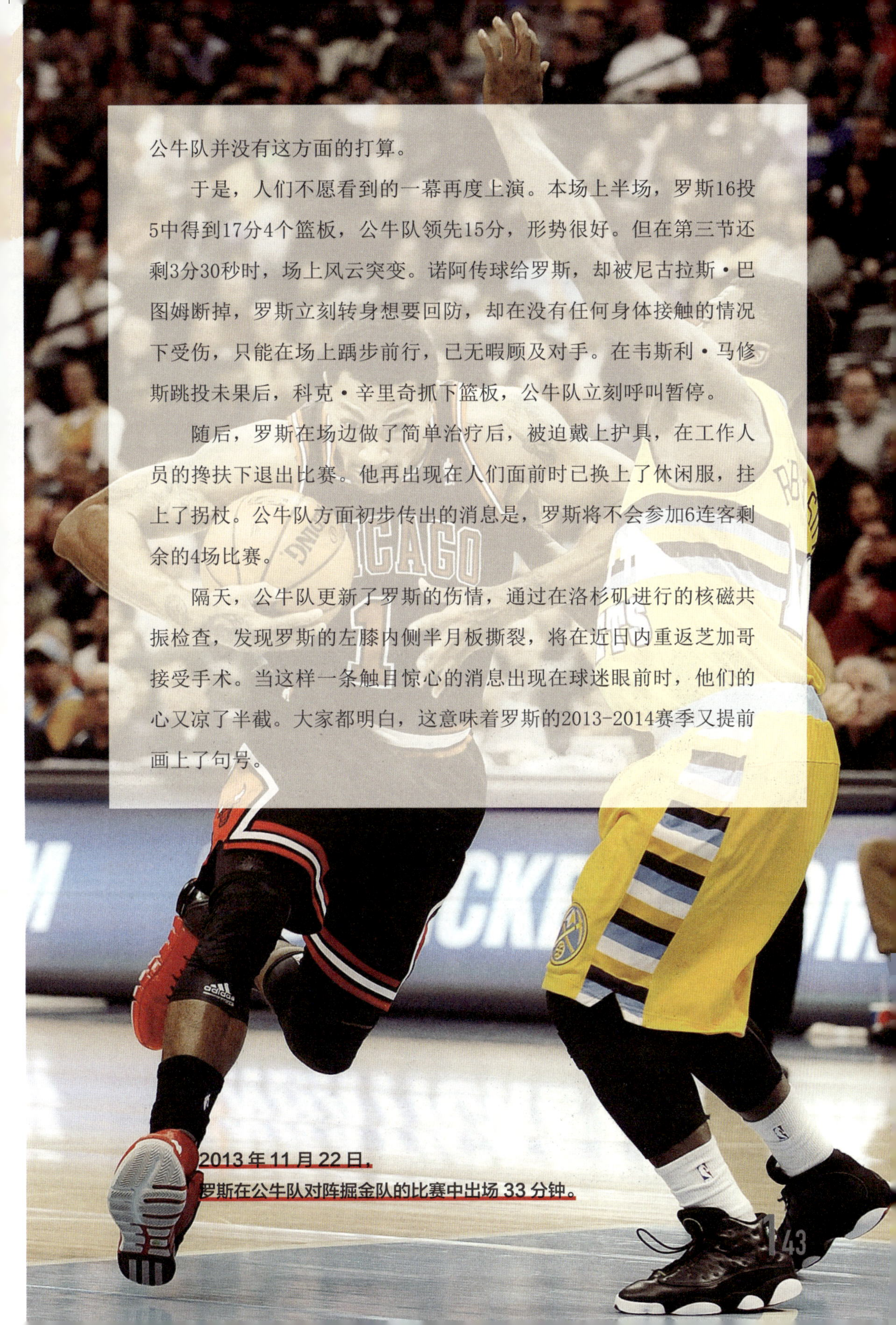

2013年11月22日，
罗斯在公牛队对阵掘金队的比赛中出场33分钟。

逃不出的深渊

本来，如果一切正常的话，罗斯将随公牛队在11月24日客场挑战快船队。当时效力于快船队的布雷克·格里芬，在2012年7月随美国男篮备战奥运会时也曾膝盖内侧半月板撕裂。因此，谈到罗斯的伤情，他也感同身受。“我为德里克而难过，”格里芬说，“你永远也不会想看到任何球员像这样倒下。曾经，我也经历过一连串的膝盖伤病，半月板也曾撕裂过。好消息是，据悉德里克这次受的伤，并不像上一次那么严重。我会为他送上最诚挚的祝福。”

罗斯的这次受伤，也不由得令人心生狐疑：难道他就要从此沦为玻璃人了吗？毕竟，在短短一年半的时间内，罗斯的两个膝盖竟全部遭遇重伤，此前是左膝前交叉韧带撕裂，这回则轮到了右膝内侧半月板撕裂。

更令人无语的是，此前罗斯为了养伤足足花了一个赛季，表现出极大的

2013年11月23日，
罗斯在公牛队对阵开拓者队的比赛中再次受伤。

耐心和谨慎。饶是如此，伤病仍没打算放过他。尽管两次受伤程度不一，但谁也拿不准，下次伤愈归来后，罗斯又能坚持多久？当时，甚至已有人提议公牛队交易罗斯。

事已至此，公牛队也只能硬着头皮继续上路。常规赛结束，公牛队以48胜34负位居东区第五，在首轮遭遇东区第四，由“黄金后场”约翰·沃尔和布拉德利·比尔所领衔的奇才队。公牛队很快陷入了1：3落后的绝境，G5中他们也没能翻过身来，全场仅得到可怜的69分，命中率跌至33.3%，已是一副丢盔弃甲的模样。

罗斯的连续伤停，让公牛队再次失去了挑战东区王座的良机。2014年休赛期，率热火队冲击三连冠失利的詹姆斯重返克利夫兰，携手凯里·欧文和凯文·乐福，组建起了骑士队三巨头。眼看同处中部赛区的骑士队重新崛起，公牛队将帅也油然而生了一种“卧榻之侧竟有他人酣睡”的无可奈何感。

罗斯和公牛队还有重新来过的机会吗？

2013-2014 赛季，缺少罗斯的公牛队遭遇季后赛一轮游。

第三节 玫瑰归来

罗斯未曾料到，在本该是最美好的年华，他却要被迫流连病榻，和伤病做无休止的斗争。一次次倒下，他又一次次站起；一次次带来希望，又一次次亲手毁掉。鲁迅先生曾说：“**悲剧是将人生有价值的东西撕碎给人看。**”罗斯所撕碎的，不但是自己，还有公牛队球迷热切浓烈的希望。

好汉三个帮

2014-2015赛季揭幕战，罗斯再次宣布：“我回来了！”当天客战尼克斯队，他在麦迪逊广场花园7投3中，罚球8中7，得到13分5次助攻2次抢断，公牛队以104∶80凯旋。

当然，该场罗斯并非公牛队最引人瞩目的球星，保罗·加索尔才是。2014年休赛期，公牛队向加索尔伸出橄榄枝，后者最终驾临“风之城”。

对此，加索尔曾说：“我做出这个决定全凭直觉，我觉得芝加哥是最适合我的地方。这是一个艰巨的挑战，但我向来能将此转化为动力，对此我无比期待……科比曾希望我能留下，和他一起退役，这无比诱人。但我的内心深处却觉得，是该寻找新的刺激，转变航向，向着崭新的彼岸重新起航了。”

加索尔还曾考虑过马刺队。为了劝说他加盟，诺阿行动了起来，罗斯也不像

2014-2015 赛季揭幕战，罗斯带领公牛队大胜尼克斯队。

四年前招募詹姆斯时那样意兴阑珊，而是主动致电加索尔。和洛杉矶、芝加哥两地都颇有渊源的禅师，也给加索尔发了条短信，写着：“你一定会爱上芝加哥。”

至少在揭幕战，加索尔会让风之城球迷大呼：“爱了，爱了！”他11投7中，罚球8中7，得到21分11个篮板。

再创赛季新高

罗斯仍是打打停停。该季前13场，罗斯仅出战5场，从未连续出战超过2

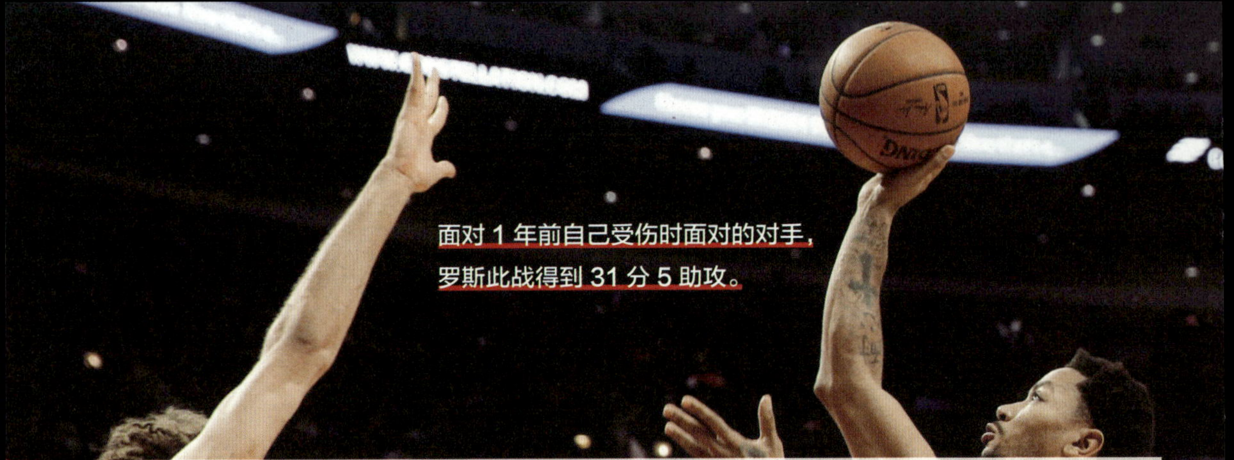

面对1年前自己受伤时面对的对手，罗斯此战得到31分5助攻。

场，最长一次连续缺席了4场。从11月24日开始，罗斯才逐渐稳定下来，自此直到2015年2月底，连续44场比赛他仅缺席3场，其间不乏佳作奉献。

都说“君子报仇十年不晚”。北京时间12月13日，罗斯再次遭遇开拓者队。全场他24投14中，罚球3中3，拿下创该赛季纪录的31分，还送出5次助攻，率队以115：106获胜，狠狠地出了口恶气。

从2015年1月12日到2月12日这一个月，罗斯依稀令人瞥见了他昔日的风采。16场比赛，他场均得到22.3分3.2个篮板5.4次助攻，总命中率43.8%，三分命中率34.7%。其间他曾有3场得分30+，最值得铭记的是1月14日对阵奇才队这场。

当天在联合中心球馆，尽管公牛队以99：105告负，但罗斯却令芝加哥球迷一扫输球的郁闷。他22投12中，其中三分9中6，罚球3中2，得到32分，再创赛季新高，还送出5次助攻。本场，罗斯一开始就手感火烫，在首节9中7砍下17分，命中3记三分，甚至包括一记从中场位置投出的超远三分，博得满堂彩。全场他命中6记三分，也刷新了赛季纪录。在他的带动下，公牛队上半场一度领先11分。

然而，罗斯的努力没有结出丰硕的果实。保罗·皮尔斯和沃尔合力拿下43分，奇才队投出高达51.3%的命中率，客场凯旋。赛后，本场拿下17分的比尔说：“这场胜利对我们而言无比重要。想要成为精英级球队，就必须击败东区最出色的球队。”

罗斯赛后也说：“这就是篮球，不可能要求尽善尽美。我们如今身处逆境，貌似大家伙都已倾尽全力，只是一切没照我们所想的那样发展罢了。”

没有落幕的悲剧

2月12日，还是在联合中心，罗斯终于降伏强敌。该场他24投12中，罚球6中6，得到30分4个篮板7次助攻，率公牛队以113：98大胜骑士队。该场乐福告假，詹姆斯和欧文联袂出场。但欧文18投仅6中，手感欠佳，尽管詹姆斯26投12中，拿下31分5个篮板4次助攻，但也出现了多达8次失误，只得缴械。

近年来，詹姆斯和罗斯各自的命运向着不同的方向行进，终成了两条平行线。这也是自2011年东部决赛后，罗斯首次真正意义上击败詹姆斯。2012年4月12日，公牛队曾在主场以96：86战胜热火队，但该场詹姆斯拿下30分6个篮板5次助攻，罗斯13投1中仅得2分。

罗斯撒开双腿狂奔，但一种熟悉的感觉重新涌上心头，一个熟悉的敌人正悄悄靠近，令他不寒而栗。

罗斯在骑士队多名球员的防守下完成上篮。

第四节

第三次膝伤

正所谓**“怕什么来什么”**。看到2014-2015赛季前半程罗斯的表现渐入佳境，球迷们在欢欣鼓舞之际，心里也始终有一个挥之不去的阴影，一个声音在不停追问：“这一次，应该不会了吧？”但在2015年2月下旬，所有球迷却发现，一切都是外甥打灯笼——照旧（照舅）。

膝伤猛于虎

2月23日，公牛队以87∶71战胜雄鹿队，拿下两连胜，以及近7场比赛中的第6场胜利。但罗斯的表现却显得格格不入。他全场13投仅1中，罚球6中5，仅得8分5个篮板8次助攻。而这也已经是罗斯近3场来第2次得分未上双。一种不祥的预感慢慢地涌上球迷心头。

球迷的担心最终成了现实。隔天，公牛队官方传出消息，罗斯右膝半月板撕裂，将接受手术。在当天早些时候，就有报道称罗斯右膝疼痛。后来，罗斯接受了核磁共振检查，才终于确诊。

球迷不会忘记，这已是近年来罗斯第三次遭遇膝盖重伤了。2012年首轮G1，罗斯左膝前交叉韧带撕裂；缺席了2012-2013整个季后赛，在2013-2014赛季将罗斯再度送上病榻的，是右膝半月板撕裂。尽管有报道称，第二次膝伤不如前一次那么严重，但这两次也都导致罗斯赛季报销。如今，一切宛如昨日重现，难道罗斯又要连续第3个赛季在和膝伤的斗争中败下阵来？

据公牛队官方透露，罗斯这次会缺席多久，将根据手术情况确定。据悉，公牛队高层和罗斯商议后一致决定，将采取修复受损的半月板的方案，而非直接摘除受损的部分，这样做有助于延长罗斯的职业生涯。

悲伤成河

罗斯频繁被伤病光顾，也让一种怀疑和悲伤的情绪在公牛队阵中蔓延开来。大家都知道这两个半赛季的时间罗斯都经历了什么，以及他为能重返赛场付出了多少艰辛的努力。从2012年4月28日到2015年2月23日，受到连续3次严重膝伤影响，罗斯仅出战了56场比赛，没有出战过一场季后赛，出勤率仅为25.3%。

右膝半月板撕裂让罗斯再次停下前进的脚步。

公牛队高层私下里也不得不算一笔账。在这三个赛季中，公牛队总共要为罗斯支付5280万美元的薪水，而他们从保险公司那里得到的赔付仅有大概1000万美元，仅占18.9%。雪上加霜的是，由于罗斯此次受伤时，2014-2015赛季常规赛仅剩25场，公牛队将无法从保险公司那里再得到任何赔付。

按规定，NBA球员如果旧伤复发，必须连续缺席常规赛达到41场，保险公司才会启动赔付程序。换句话说，不管罗斯还能否在2014-2015赛季复出，剩余赛季他的所有薪水必须由公牛队自掏腰包支付，一个子儿都不能少。

罗斯的第三次膝伤，对公牛队的争冠前景也产生不可估量的影响。据博彩公司Westgate SuperBook的统计结果显示，在罗斯受伤后，公牛队该赛季的夺冠赔率从8∶1骤降到20∶1。博彩公司William Hill统计结果也显示，起初

罗斯再次受伤，
公牛队的争冠前景
也蒙上一层阴影。

夺冠赔率在该赛季仅次于勇士队的公牛队，在罗斯伤后，其夺冠赔率迅速下滑。与之相应的，骑士队的夺冠赔率从3：1升至5：2，老鹰队的夺冠赔率也达到了5：1，此前则是7：1。

绝望与希望

NBA各界也对罗斯第三次膝伤纷纷表达了惋惜之情。同样曾3次动手术修复受损半月板的雷霆球星拉塞尔·威斯布鲁克在接受《NBA TV》采访时直言："我简直无话可说。对于这样一位如此努力的球员而言，这真是太难了，他要一次一次又一次地经受这一切。"詹姆斯和乔治也相继发布推特来安慰罗斯。詹姆斯写道："我为德里克而难过，抬起你的头来，坚强起来！"乔治写道："太糟了，我要向德里克送上祝福。伤病反复令人痛恨，但就像此前那样，这绝不会让你就此消沉下去。"

罗斯在孟菲斯大学的恩师卡利帕里也发推特勉励昔日的爱徒："听说德里克再次受伤我很难过。他经历了太多，本该得到更好的待遇。命运对这么一个好人竟如此不公。相信德里克会将此化为动力。我会每天为他祈祷。"

命运对罗斯是刻薄的，总不肯将希望全部无偿地赠予他。或许正如鲁迅先生在《野草》中所写的那样：**"绝望之为虚妄，正与希望相同。"** 希望和绝望同为虚妄，但面对无尽的暗夜，真的猛士仍举起了投枪。

BULLS
1

第七章・

暗夜前行

ROSE

第一节 三次膝伤打不倒

再伤后浴血而归

三年内的第三次膝盖手术，左膝和右膝伤痕累累，再坚强的球员恐怕都会被击倒，担忧也笼罩着罗斯团队和公牛队。罗斯呢？他依然拒绝向命运低头。

2015年4月9日，在等待44天后，罗斯再一次浴血而归。

复出后的他看起来和过去没什么不同，但比赛细节还是能体现出区别。首战客场面对魔术队，罗斯出场19分钟9投3中，但其中6次来自外线（三分球6投1中）。在最喜欢的内线攻击上，罗斯只有一次纵贯全场的一条龙突破和一次突破后的急停中投让人印象深刻。全场，罗斯只拿到9分2次助攻，却出现4次失误。久疏战阵，又是大伤初愈，罗斯的复出首秀难言满意。从第三节最后5分33秒被换下，罗斯就一直在替补席上坐到比赛结束。

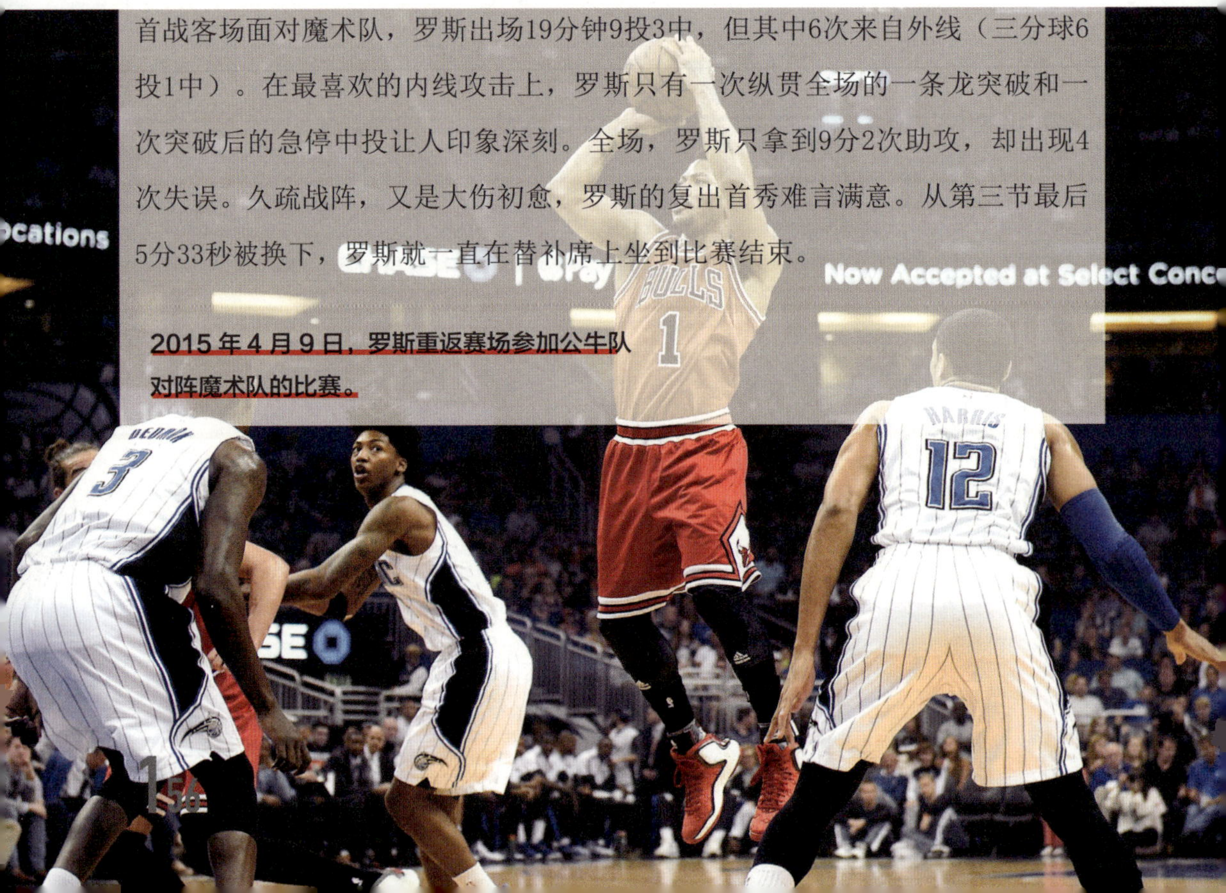

2015 年 4 月 9 日，罗斯重返赛场参加公牛队对阵魔术队的比赛。

更受打击的是，公牛队苦拼全场在最后一刻被魔术队准绝杀。终场前6.5秒，魔术队后卫奥拉迪波持球单挑公牛队前锋巴特勒，一个向右的胯下变向，奥拉迪波轻松突破到公牛队篮下，在公牛队球员的封盖下完成上篮。魔术队105∶103领先，留给公牛队短短的1.5秒！这是罗斯最喜欢的得分方式，但现在，对手却在公牛队面前“以彼之道还施彼身”。随着公牛队发球失误，罗斯和公牛队被迫吞下失利。

背靠背连夜赶赴迈阿密，公牛队全力准备着和下一个对手热火队的比赛。罗斯的出场时间和状态都与上一场别无二致。20分钟里，罗斯15投5中贡献12分2次助攻，以及出现3次失误。同样是在第三节还剩5分多钟时被替换下场坐到比赛结束。不同的是，公牛队在第三节单节轰出33∶8的攻击波后，一举扭转乾坤。第四节没有罗斯的公牛队，依然稳稳赢下比赛。

2015年4月10日，公牛队背靠背战胜热火队，罗斯在比赛中完成扣篮。

面对76人队走出心魔

复出前两场，罗斯的命中率都只有33.3%，攻防两端的输出都非常有限。昔日的常规赛MVP、联盟的天选之子，还能回来吗？

4月12日对阵76人队，罗斯在复出的第三场里宣告王者回归，将前两场的低迷一扫而尽。回到联合中心，回到公牛队的主场，罗斯在全场22273名观众“德里克·罗斯”山呼海啸般的欢呼中完成爆发。首节6投1中仍在找感觉的罗斯，在第二节找到状态。5分35秒，公牛队全员沉到底线，罗斯拉开单打用一记急停中投为公牛队追到差5分。再攻，好搭档诺阿的掩护结结实实，罗斯轻松加速直杀篮下完成左手上篮。

连续两次打成之后，罗斯的状态和信心都明显变得不同。第三节，他在进攻和串联模式上随意切换。6分45秒，公牛队转换进攻，队友落位还没有落稳，罗斯就直接干拔投中三分，帮助公牛队反超3分直接打停对手。再次突破，他在空中拧着身子完成得分。串联上，他先后助攻米罗蒂奇和保罗·加索尔投篮得分。因为罗斯，公牛队悄然完成反超。

状态如此火热的罗斯，也不再被提前雪藏。第四节的决战阶段，罗斯在最后6分43秒换下队友领命登场。登场一分钟后，罗斯就助攻米罗蒂奇投中三分球，为公牛队拉开分差。最后四分半钟，罗斯更是一次次接管比赛。76人队追到只差2分时，是罗斯强突篮下以一敌二完成换手上篮，不仅球进，还制造对手犯规获得罚球。76人队迅速回敬进攻，公牛队还是只领先2分，这个时候，还是罗斯拉开单打，还是惯用的突破，罗斯又一次加速强突篮下左手上篮。他的速度并不快，但节奏和步幅却依然威胁十足，也依然难以阻挡。这球打进，公牛队在最后3分51秒领先4分。

生死2.5分钟，罗斯继续接管比赛。防守端抢断对手后，罗斯最后1分钟

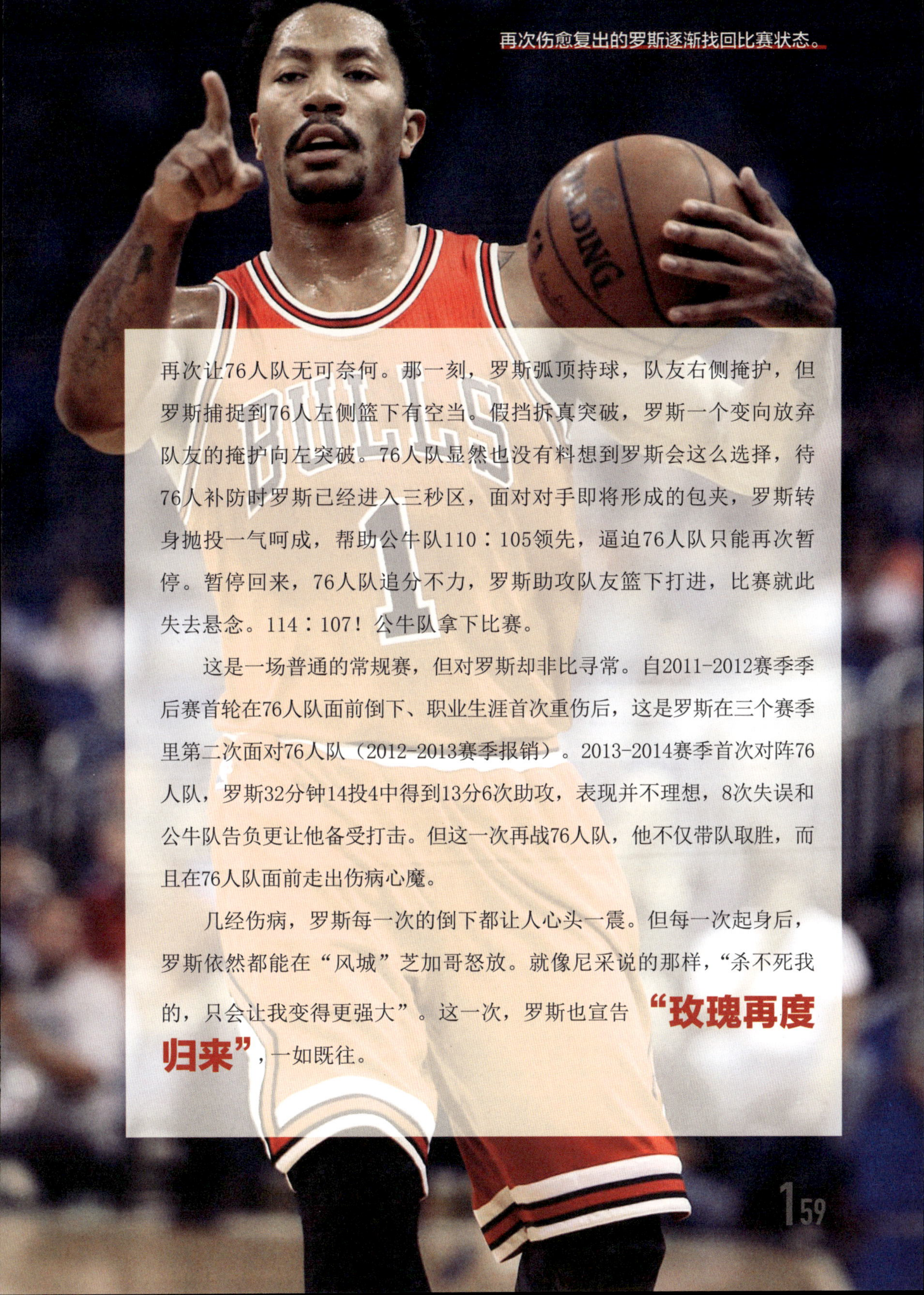

再次伤愈复出的罗斯逐渐找回比赛状态。

再次让76人队无可奈何。那一刻，罗斯弧顶持球，队友右侧掩护，但罗斯捕捉到76人左侧篮下有空当。假挡拆真突破，罗斯一个变向放弃队友的掩护向左突破。76人队显然也没有料想到罗斯会这么选择，待76人补防时罗斯已经进入三秒区，面对对手即将形成的包夹，罗斯转身抛投一气呵成，帮助公牛队110：105领先，逼迫76人队只能再次暂停。暂停回来，76人队追分不力，罗斯助攻队友篮下打进，比赛就此失去悬念。114：107！公牛队拿下比赛。

这是一场普通的常规赛，但对罗斯却非比寻常。自2011-2012赛季季后赛首轮在76人队面前倒下、职业生涯首次重伤后，这是罗斯在三个赛季里第二次面对76人队（2012-2013赛季报销）。2013-2014赛季首次对阵76人队，罗斯32分钟14投4中得到13分6次助攻，表现并不理想，8次失误和公牛队告负更让他备受打击。但这一次再战76人队，他不仅带队取胜，而且在76人队面前走出伤病心魔。

几经伤病，罗斯每一次的倒下都让人心头一震。但每一次起身后，罗斯依然都能在“风城”芝加哥怒放。就像尼采说的那样，“杀不死我的，只会让我变得更强大”。这一次，罗斯也宣告**“玫瑰再度归来”**，一如既往。

第二节 重返季后赛

三年内的首次季后赛

常规赛最后两场连胜篮网队、老鹰队后，公牛队带着4连胜和东部第三的排名（50胜32负）在2014-2015赛季完美收官，连续第7个赛季打进季后赛。

但对罗斯来说，季后赛却是久违的阔别。自2012年季后赛首轮第一场就因伤倒下后，罗斯在赛季报销、复出、受伤、赛季报销的节奏中彷徨度过两个赛季。直到这个赛季，罗斯才重返季后赛。

4月19日，罗斯在等待1085天后迎来他三年内的第一次季后赛，对手是常规赛排名东部第六的雄鹿队。但于公牛队而言，这轮系列赛的难度并不大。

常规赛，公牛队和雄鹿队四次交锋三次取胜，拥有明显的心理优势。不同于之后的爆发，此时的雄鹿队还只是一支蛰伏中的球队，季后赛时断时续。而且，比起拥有罗斯、巴特勒和保罗·加索尔的公牛队，雄鹿队是群龙无首。球队得分王布兰登·奈特在赛季中期被交易，球队新科榜眼秀贾巴里·帕克只出场25场比赛就因伤赛季报销，在雄鹿队挑大梁的是被“赶鸭子上架”的米德尔顿、“迈卡威”，还有之后因违反禁药条例被禁赛的梅奥。“字母哥”安特托昆博，该赛季才迎来NBA生涯的第二个赛季，这更是他进入NBA后第一次打进季后赛。身材还有些瘦弱的“字母哥”，还远没有被开发成日后那个统治力十足的野兽。

缺少罗斯的公牛队面对雄鹿队依然占据上风。

挺进东部半决赛

系列赛开打后，公牛队迅速掌控主动权。前两场，公牛队很好地利用了主场优势。首场比赛，公牛队103∶91轻松取胜。48分钟的比赛时间，公牛队有40分33秒处于领先，罗斯16投9中，风轻云淡拿到23分2次抢断和全场最高的7次助攻。

两天后的第二场比赛，公牛队91∶82再次取胜，总比分2∶0领先。和第一场不同，公牛队和雄鹿队这一场各有21分钟处于领先，但决战时刻，罗斯连续助攻巴特勒完成得分，让经验不足的雄鹿队交足学费。罗斯手感不佳14投仅4中，但他还是贡献15分7个篮板9次助攻的准三双，为公牛队做出贡献。

4月24日，双方在休息三天后展开第三场的争夺，比赛移师到雄鹿队主场布拉德利中心。沉寂两场的“字母哥”安特托昆博豪取25分12个篮板，雄鹿队5人得分上双和公牛队展开对攻。公牛队虽然领先31分钟，但在第四节最后时刻被雄鹿队连续追分反超。最后5秒，罗斯强攻制造字母哥犯规两罚一中追平比分，艰难带领公牛队进入加时赛，而且一打就是两个。巨大的体力消耗后，两队在加时赛的进攻无比滞涩，但罗斯在第二个加时独得6分为公牛队抢占先机。113∶106！公牛队第三场险胜雄鹿队，总比分3∶0领先手握赛点。罗斯全场得到34分5个篮板8次助攻3次抢断，再一次成为公牛队的头牌。

再休两天后，双方的第四场如约而至。公牛队急盼横扫晋级，但反而背上包袱，大部分时间都处于落后。最后3.5分钟，公牛队孤注一掷收到奇效，巴特勒投中三分球，罗斯内突外投得到5分，还助攻保罗·加索尔在最后38秒完成2+1，将比分追到90平。但**“成也罗斯，败也罗斯”**，他最后1秒的致命失误让公牛队付出血的代价，雄鹿队暂停布置利用罗斯的防守空当完成绝杀，将系列赛拖到第五场。

第五场转到公牛队主场进行，雄鹿队三军用命全场领先37分，第四节牢牢将主动握在自己手中，最终以94∶88获胜，系列赛首次从客场全身而退，也

2014–2015 赛季季后赛首轮，罗斯迎着雄鹿队球员防守完成高难度投篮。

是唯一一次。这场比赛后，雄鹿队将总比分追到2∶3，继续延续着希望。

但连输两场的公牛队迅速调整。5月1日的系列赛第六场，公牛队没有再给雄鹿队机会。回到雄鹿队主场比赛，公牛队从开场领先到比赛结束，以120∶66狂胜雄鹿队，总比分4∶2晋级东部半决赛。首轮系列赛，罗斯场均贡献19分4.3个篮板6.5次助攻1.5次抢断，助攻全队第一，得分仅次于巴特勒。表现虽然谈不上统治力十足，但重返季后赛的罗斯，还是为公牛队送上最大的帮助。

三个赛季里第二次闯进东部半决赛后，等待公牛队的将是强大的骑士队。面对熟悉的老对手，公牛队做好了准备，罗斯亦然。

2014–2015赛季季后赛首轮，罗斯帮助公牛队淘汰雄鹿队。

第三节 激战詹姆斯

再战老对手

又一次和公牛队站上东部半决赛的舞台，矗立在罗斯眼前的依然是熟悉的身影——勒布朗·詹姆斯。

这是公牛队6个赛季里第四次在季后赛面对詹姆斯。之前三次，公牛队全部落败。6年一个轮回，罗斯从如日中天的MVP变得伤病缠身，詹姆斯2014年夏天离开热火队重返骑士队，和欧文、乐福组成新的“三巨头”。一夜间，东部格局再被颠覆。

再次面对骑士队，公牛队似乎有些被动。常规赛，骑士队排名东部第二，力压东部第三的公牛队，拥有季后赛主场优势。但公牛队还是嗅到一丝机会。季后赛首轮，骑士队主力内线乐福手臂受伤赛季报销，这让骑士队实力大损，也让他们变得神经紧张。

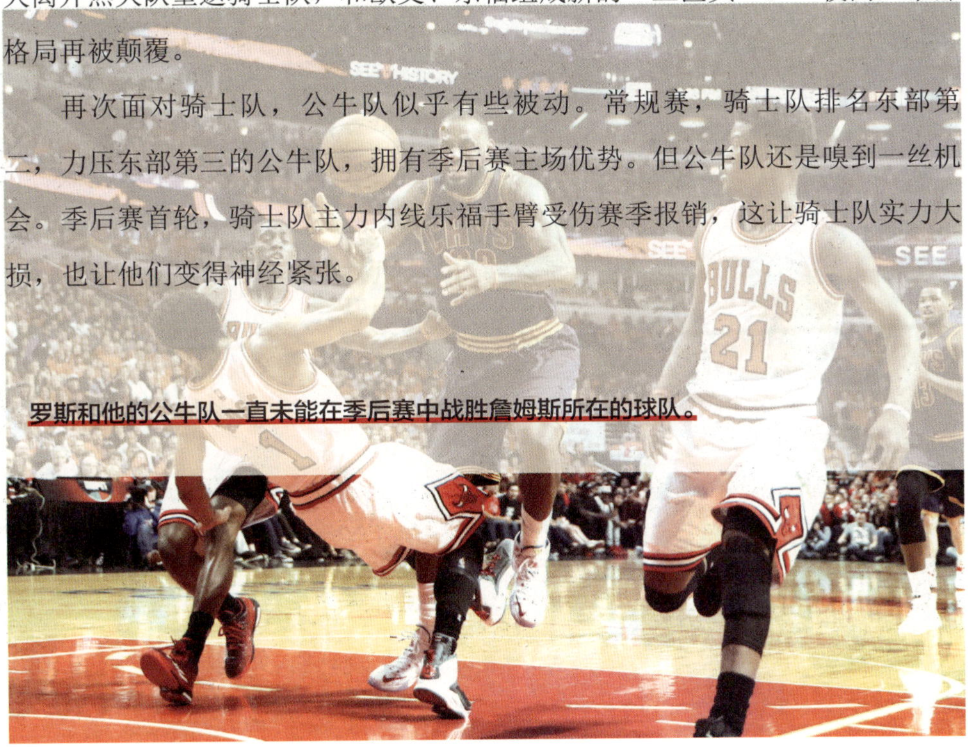

罗斯和他的公牛队一直未能在季后赛中战胜詹姆斯所在的球队。

5月5日，公牛队和骑士队的东部半决赛正式开打。赛前，詹姆斯严阵以待，“公牛队是一支有竞争力的球队，这已经是东部半决赛。从现在开始，比赛会变得更难，因此你一刻都放松不得”。但骑士队并没有做到。

首场比赛，客场作战的公牛队就在罗斯的带领下给骑士队一记重拳。首节，公牛队就一度领先14分。第二节，公牛队将领先扩大到16分，面对骑士队的追击，罗斯上半场贡献16分为公牛队稳住局面。詹姆斯在第三节为骑士队追平比分，但罗斯带队打出15：0的攻击波掌控比赛。最终，公牛队99：92获胜，总比分1：0领先。

罗斯拿到全队最高的25分，还贡献5个篮板5次助攻，和30分6次助攻的欧文相比不遑多让，也让詹姆斯的19分15个篮板9次助攻准三双成为徒劳。罗斯王者归来，队友巴特勒对他心悦诚服：“德里克（罗斯）每一次都在做正确的攻击。”

2014-2015 赛季东部半决赛，罗斯面对骑士队欧文和詹姆斯的防守。

2014-2015 赛季东部半决赛第二场，在场下休息的罗斯面色沉重。

休息两天后，系列赛第二场在骑士队主场再次开打。发狠的詹姆斯赛前就放话：“我们身处逆境，不能0：2落后。”为此，他身先士卒。开赛前三个小时，他就抵达球馆，比往常早来一个半小时。比赛开始后，他首节火力全开拿到14分3次助攻，带领骑士队首节就胜出20分，再没有给公牛队机会，最终以106：91大胜，总比分追成1：1平。统治力十足的詹姆斯拿到33分8个篮板5次助攻，罗斯20投6中，得到14分7个篮板10次助攻，但侵略性不如詹姆斯。再加上欧文21分3次助攻为骑士队锦上添花，公牛队只能接受失利。

赛后，罗斯也被詹姆斯的表现所折服，“作为球队的领袖，那就是你应该做的，他给每个队友都定下基调”。

致敬乔丹的绝杀

双方重回同一起跑线，接下来的比赛也变得更加重要。5月9日，系列赛第三场移师到公牛队主场，这一场的激烈程度也远胜前两场。48分钟里，两队19次交替领先、17次战平，领先的一方最多只领先8分。犬牙交错的拉锯战，公牛队和骑士队不断抢占主动，前三节打完，公牛队74：73只领先一分。

第四节，罗斯和詹姆斯对飙。靠着连续的突破和罚球，罗斯独得14分2次助攻，和单节10分3次助攻的詹姆斯分庭抗礼。终场前24秒，比赛彻底白热化，双方在最后11秒打成96平。时间走完8秒，公牛队依然没能找到机会，只能暂停，时间只剩下3秒。公牛队还能胜出吗？罗斯用行动终结了悬念。

最后3秒，公牛队边线发球，罗斯左侧底角接球未果后迅速向弧顶移动来接球，队友早就等待掩护，罗斯甩开对位者错位面对骑士队内线特里斯坦·汤普森。2秒，1秒，时间即将走完，罗斯顶着汤普森的封盖果断出手超远三分，球长距离飞行之后打板入网！公牛队99：96绝杀骑士队，总比分2：1领先！ 联合中心肆意沸腾，公牛队的队友们纷纷冲向罗斯抱着他怒吼着、咆哮着庆祝胜利，完成绝杀、全场独得30分7个篮板7次助攻的罗斯却是一脸淡定，也让詹姆斯的27分8个篮板14次助攻和欧文的11分成为徒劳。

这是公牛队最近6个赛季首次在季后赛面对詹姆斯时拿到系列赛的第二场胜利。同时，这也是1998年迈克尔·乔丹在总决赛那记著名的“最后一投”之后，首次有公牛队球员在季后赛最后10秒投中制胜球。面对被公牛队球员称为“当代乔丹”的詹姆斯，几次重伤后的罗斯这一场仿佛才是真正的乔丹，这一记伟大的绝杀也是对乔丹最好的致敬！

2014–2015 赛季东部半决赛第三场，罗斯的精彩绝杀让队友和主场球迷彻底疯狂。

你方唱罢我登场

但詹姆斯绝对不会善罢甘休，又是两天后，系列赛第四场在5月11日打响，比赛地点依然是公牛队主场。这一次，换作詹姆斯为骑士队逆天改命。

意欲3：1拿到赛点的公牛队，在罗斯和巴特勒的联手带领下占据主动，第二节开始不久，公牛队37：29领先。但骑士队突然发力打出16：0反超比分。双方在下半场不断交替领先，直到决战时刻。

詹姆斯两罚都中让骑士队在最后41秒领先5分。巴特勒的三分球为公牛队迅速追到差2分。骑士队这个时候却有些慌乱，连续底线发球未果后，他们只能连续请求暂停。好不容易发球成功，詹姆斯又出现进攻犯规，罗斯最后9秒一蹴而就用招牌式的突破追平比分。詹姆斯冲击篮筐却被封盖，球权还在骑士队手中，但只剩下短短1.5秒，留给骑士队只剩下一丝喘息的机会。

公牛队看到争胜的希望，但詹姆斯拒绝重蹈覆辙。最后1.5秒，骑士队前场底线发球，詹姆斯没有尝试空中接力，而是直接尝试中投。在接过队友的传球后，詹姆斯在巴特勒面前直接干拔。哨响灯亮，詹姆斯绝杀公牛队！总比分2：2，骑士队再次追平总比分。罗斯苦拼41分钟拿到31分4次助攻，但还是输给詹姆斯。扭伤右脚的欧文坚持出战贡献14分，运动战10投2中，但詹姆斯贡献25分14个篮板8次助攻2次盖帽的全能表现，并在最后时刻用绝杀完成救赎，弥补了8次失误和30投10中的遗憾。

最后一投，骑士队本来的战术布置是让詹姆斯发球，但他选择拒绝。“我告诉教练，‘把球给我，其他人拉开，我们要么打加时，要么我会为大家赢下比赛’。”最终，詹姆斯没让骑士队失望，用绝杀回应了罗斯在第三场的三分绝杀。这样的绝杀，一如罗斯上一场的绝杀那样让对方只能臣服，包括罗斯亦是如此：“对于这样的绝杀你无能为力，他是一个如此出色的球员。”

轮番冲击对手后，公牛队和骑士队在系列赛前四场总比分战成2：2，骑士队重新拥有季后赛主场优势。**公牛队还有机会吗？这一切只等着罗斯揭晓悬念。**

第四节 无力救主

天王山之战消失

2015年5月13日，公牛队和骑士队的东部半决赛第五场拉开大幕，比赛重回骑士队主场速贷球馆。只是在这场关键战中，罗斯却不再像前四场那么神勇。

对于这场“天王山之战”，双方都是虎视眈眈，胜者将拿下赛点，也将把晋级的主动权握在手中。没有季后赛主场优势的公牛队，更加需要在客场放手一搏，他们渴望着能像系列赛首场比赛那样在客场全身而退。

比赛开始后，公牛队确实是更积极的一方，他们开场就打出8：0的攻击波，一度以18：8反客为主，罗斯连拿6分还送出一次助攻，在进攻端继续为公牛队输出火力。骑士队显然不会坐以待毙，扛住公牛队的开场猛攻后，骑士队在詹姆斯的带领下完成一波17：6的进攻反超比分，詹姆斯更是包办骑士队在第二节的前12分。在自己的地盘，骑士队拒绝像系列赛第一场那样提前挖下大坑。对公牛队不利的是，罗斯因为在一次和欧文的拼抢中意外倒地伤到自己的右手，这也在很大程度上影响了他之后的手感，导致他首节贡献12分后消失不见。

系列赛前四场手感不佳的詹姆斯，这一场却有如神助。虽然在第四场扭伤脚踝，但争夺赛点的关键战，詹姆斯却和没事人一样。仅仅在上半场，詹姆斯就12投10中拿到24分，帮助骑士队上半场54：44领先10分。进入第三节，骑士队依然占据主动，并在第三节结束时以80：71领先。这一场，詹姆斯接受了欧文赛前对他的建议“把我们扛在肩上”。比赛里，他一次次冲击篮下，一次次为骑士队拉开分差。公牛队在第三节结束时从后场投中超远三分，将分差缩

2014–2015赛季东部半决赛第五场，罗斯面对詹姆斯的防守完成上篮。

小到9分。

进入到第四节，落后的公牛队雪上加霜，主力内线泰·吉布森和骑士队后卫德拉维多瓦在对抗中被吹罚二级恶意犯规直接被驱逐出场。原本，主力中锋保罗·加索尔因为左腿筋拉伤连续缺席两场比赛就已经让公牛队的内线风雨飘摇，现在，吉布森又被驱逐，这也让公牛队的内线是屋漏偏逢连夜雨。

吉布森的被驱逐，似乎让公牛队获得激励。邓利维和巴特勒连续投中三分球，罗斯踉踉跄跄中还是助攻巴特勒再次投中三分球，公牛队在最后1分18秒追到99：101，然而，这次助攻也成为罗斯后三节为数不多的发挥。生死时刻，欧文关键时刻三分球不中，罗斯持球闪电般地快攻反击，可就在他出手的一瞬间，詹姆斯拍马赶到单手把球扇出底线，拒绝罗斯最后时刻扳平比分，一如过去那样冷酷无情。生死23秒，詹姆斯翻身跳投不中，但骑士队奋力抢到前场篮板让比赛失去悬念，时间一秒一秒流走，公牛队只能采取犯规战术，白白赔上罚球，也为自己赢得最后的喘息机会。但就在重获球权后，公牛队又出现致命失误，彻底宣告了比赛结束，骑士队106：101击败公牛队拿下“天王山之战”，总比分3：2领先收获赛点。

詹姆斯成为骑士队取胜的头号功臣，全场独得38分12个篮板6次助攻，季后赛第51场35+5+5的表演，追平迈克尔·乔丹的纪录。罗斯24投7中，只得到16分，后三节15投2中，只贡献4分，整个下半场他12投1中，只得到2分。全场9个篮板7次助攻的表现最终付之东流。赛后谈到公牛队的反扑时，罗斯说：“我喜欢我们反扑的方式，但我们只是没有执行得很好。”但最后时刻，隐身的罗斯并没有为公牛队做太多贡献。当詹姆斯和欧文都带伤爆发时，手部受伤的罗斯显得有些相形见绌。

强弩之末

输掉这场关键比赛后，徘徊在淘汰边缘的公牛队自信心明显下降。5月15日，系列赛第六场虽然来到公牛队主场，但此时的公牛队已是强弩之末。保罗·加索尔的艰难复出为公牛队带来些许帮助，罗斯一对一强突欧文左手上篮为公牛队27：22取得5分的领先优势。但骑士队随后连续进攻得分成功反超。

公牛队完全是有机会拿下比赛的，但他们并没有把握住。比赛第二节，欧文突破时不慎踩到队友特里斯坦·汤普森的脚导致左膝盖伤势加重，本就是带伤出战的欧文不得不退出比赛，在乐福季后赛首轮意外受伤赛季报销后，骑士队“三巨头”只剩詹姆斯一人。但公牛队却让这大好的机会从指间溜走，欧文替补德拉维多瓦趁势爆发拿到季后赛生涯新高的19分填补空缺，骑士队内线汤普森在首节空中接力倒地险些受伤后仍奋力贡献13分17个篮板，多点开花的

2014–2015 赛季东部半决赛第六场，罗斯发挥不佳得到 14 分 6 助攻。

骑士队为詹姆斯分担压力，在第二节一波20：4的攻击波后，上半场领先14分的骑士队，从此保持两位数的领先优势，第四节更是一度领先多达27分。

在这场“非生即死”的比赛里，背水一战的公牛队在首节得到31分后，后三节只得到42分，下半场更是只有29分进账，进攻完全“断电”。罗斯全场16投7中得到14分6次助攻，显得杯水车薪，全队五人得分上双的骑士队，以94：73大胜只有两人得分上双的公牛队，总比分4：2晋级东部决赛，自2008-2009赛季后首次打进东部决赛。

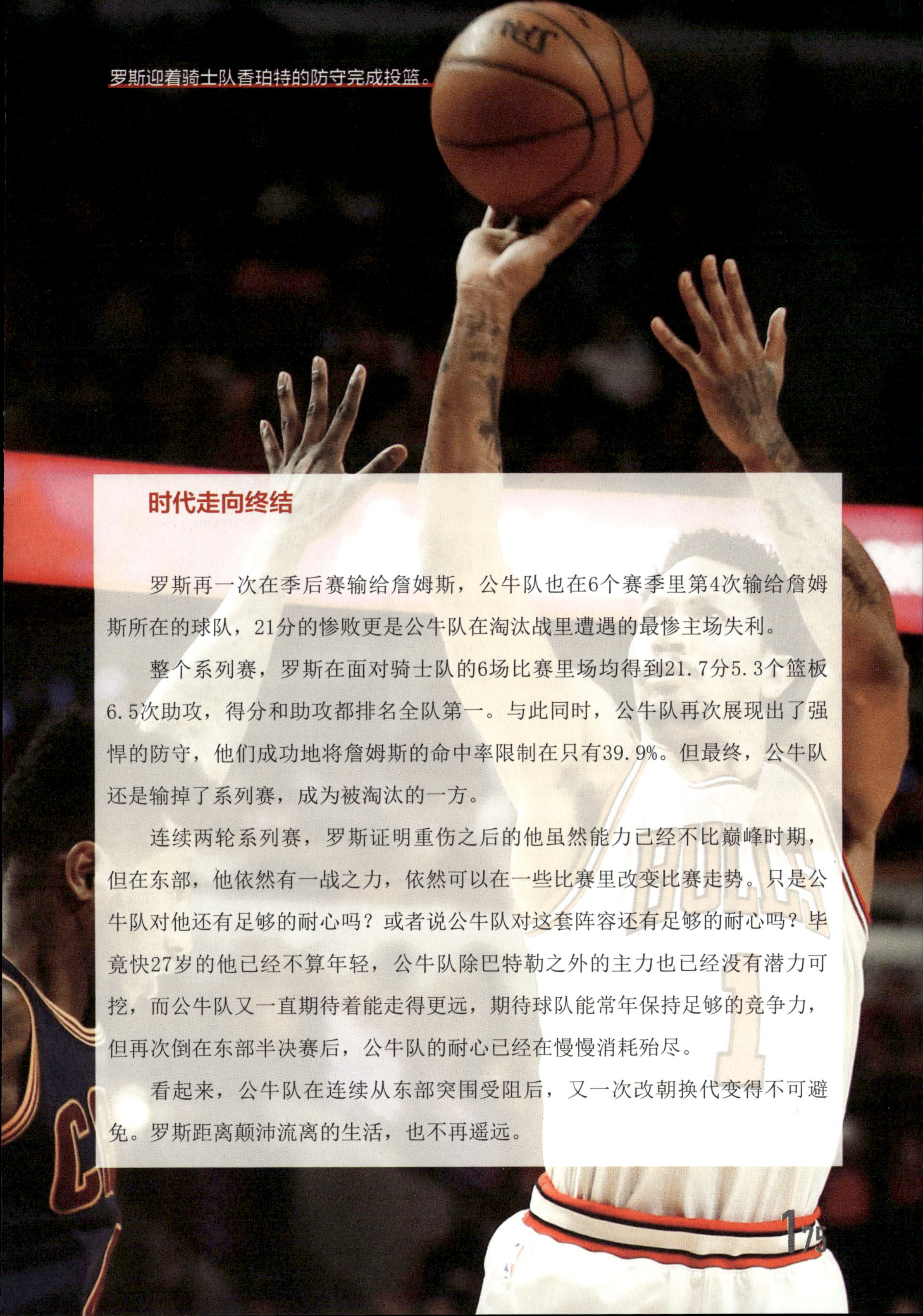

罗斯迎着骑士队香珀特的防守完成投篮。

时代走向终结

罗斯再一次在季后赛输给詹姆斯，公牛队也在6个赛季里第4次输给詹姆斯所在的球队，21分的惨败更是公牛队在淘汰战里遭遇的最惨主场失利。

整个系列赛，罗斯在面对骑士队的6场比赛里场均得到21.7分5.3个篮板6.5次助攻，得分和助攻都排名全队第一。与此同时，公牛队再次展现出了强悍的防守，他们成功地将詹姆斯的命中率限制在只有39.9%。但最终，公牛队还是输掉了系列赛，成为被淘汰的一方。

连续两轮系列赛，罗斯证明重伤之后的他虽然能力已经不比巅峰时期，但在东部，他依然有一战之力，依然可以在一些比赛里改变比赛走势。只是公牛队对他还有足够的耐心吗？或者说公牛队对这套阵容还有足够的耐心吗？毕竟快27岁的他已经不算年轻，公牛队除巴特勒之外的主力也已经没有潜力可挖，而公牛队又一直期待着能走得更远，期待球队能常年保持足够的竞争力，但再次倒在东部半决赛后，公牛队的耐心已经在慢慢消耗殆尽。

看起来，公牛队在连续从东部突围受阻后，又一次改朝换代变得不可避免。罗斯距离颠沛流离的生活，也不再遥远。

NEW YORK
25

第八章・随风漂泊

ROSE

第一节 渐行渐远

公牛换帅

在东部半决赛被骑士队淘汰后，尽管主帅锡伯杜还剩下为期两年价值约1100万美元的大合同，但与其早已生隙的公牛队依旧选择将他解雇。

正是在锡伯杜的执教下，罗斯成长为了最年轻的常规赛MVP，虽然锡伯杜对他高强度的使用同样也饱受诟病，但在锡伯杜的体系中，罗斯的重要性毋庸置疑。

与此同时，公牛队为刚刚获得当赛季最快进步球员的吉米·巴特勒送上了五年9500万美元的续约合同，在此之前，他拿到的仅仅是在2011年选秀时所获得的四年新秀合同。在2014-2015赛季，巴特勒的数据从2013-2014赛季的场均13.1分4.9个篮板2.6次助攻暴涨至20.0分5.8个篮板3.3次助攻。

新帅霍伊博格对锡伯杜的战术进行了大刀阔斧的改革。巴特勒拥有了绝对的开火权，球队在进攻端更加依赖巴特勒和加索尔，然而在对罗斯的使用上，霍伊博格却始终找不到合适的说明书。

罗斯与在他养伤期间冉冉升起的吉米·巴特勒之间也曾被传出过无数次的矛盾，尽管两人都无数次地否认过之间的不合，但在场上，两人是肉眼可见的不兼容。

这一年的公牛队，在新帅霍伊博格的带领下，开局一度打得颇有起色。他们在揭幕战凭借着加索尔的封盖、巴特勒的抢断成功以97：95复仇了骑士

被骑士队淘汰出局后，
公牛队解雇了主教练锡伯杜。

2015–2016 赛季开始前，
罗斯和新任主帅霍伊博格拍摄定妆照。

队。在进入到2016年时，球队战绩一度为22胜12负，高居东部第二。然而他们的战绩随即一泻千里，前半个赛季积攒的优势荡然无存。在争夺季后赛席位的关键时期，由于吉米·巴特勒的受伤缺战长达一个月之久，公牛队的战绩更是成为东部前九名中最为糟糕的。最终他们以42胜40负的战绩结束了赛季，排名东部第九，连续7年进入季后赛的历史就此戛然而止。

在这个赛季，虽然罗斯出战了66场比赛，场均16.4分3.4个篮板4.7次助攻的数据也并不能让球迷与管理层感到满意。在开赛初，状态起伏不定的罗斯甚至有长达一个月、11场比赛的时间得分未上20分。

直到北京时间12月19日，公牛队与活塞队上演了NBA历史上第11次的四加时大战，罗斯才拿下34分，但最终巴特勒绝杀失败，公牛队遗憾地以144：147

2015年12月19日，
罗斯面对活塞队伊尔亚索瓦的补防完成上篮。

输掉了比赛。而随后的罗斯又是连续两场比赛得分不上双。

尽管在巴特勒受伤之后，罗斯重新在进攻端找回了自己，但在巴特勒缺战的11场比赛里，公牛队3胜8负，跌出东部前八，他的奋力拼搏也未能换回理想战绩。

关系破裂

场上的罗斯百般苦闷，而在场下，公牛队球迷们也逐渐忘了，那个在新秀赛季光芒四射又意气风发的他，那个成为迈克尔·乔丹后公牛队首个全明星的他，那个带领公牛队获得常规赛冠军又成为史上最年轻MVP的他，那个曾被乔丹寄予厚望、声称公牛队有望在他的带领下冲击6连冠的罗斯，也忘了那个曾在2011-2012赛季力压詹姆斯、科比、当年横空出世的林书豪等人拿下球衣销售榜冠军的他。

他们只记得，在2011年续约以后经历了连续三次大伤、三个赛季只打了61场比赛的他，同时还领着五年9400万的高薪。

他们只记得曾在开赛前被预测能高居东部第二的公牛队哪怕最终战绩胜率过半，也未能闯进季后赛；只记得调整了打法以后的罗斯，不再有美如画的变向与突破；只记得在崇尚三分与进攻的这个时代，罗斯的三分命中率仅为29.3%；他们只记得，在无数个溃败的夜晚，罗斯再不能像以前一样以一己之力力挽狂澜。

在这个赛季，联盟发生了许多件大事。纳什退役、科比退役，甚至在退役战狂砍60分、库里全票当选MVP、骑士队在总决赛上演神奇的1∶3大逆转，为克利夫兰带来史上第一个总冠军。也正是在这一年，1995-1996赛季公牛队的常规赛72胜10负纪录被勇士打破。球迷们的失望可想而知。

上赛季东部半决赛带给球迷的感动早已烟消云散，罗斯已不再是这座城市的英雄。

2015–2016 赛季，罗斯和公牛队的关系出现了裂缝。

第二节 告别风城

突然的电话

2016年6月，正在拍摄个人纪录片的罗斯接到了经纪人BJ·阿姆斯特朗的电话。

“我希望没什么事发生，这让我非常紧张。”说完这句话的罗斯离开了拍摄现场，电话那头的阿姆斯特朗告诉他：“你被交易到了纽约尼克斯队。”初闻消息的罗斯先是不敢相信，随后哽咽着流下了伤心的泪水。

这一切显得如此猝不及防却又仿佛理所当然。

迫切希望改变的公牛队终于还是做出选择，他们用罗斯、贾斯汀·霍乐迪，以及2017年的二轮选秀权向尼克斯队换来了罗宾·洛佩斯、杰里安·格兰特以及何塞·卡尔德隆。罗斯8年的公牛队生涯就此终结。

公牛队总经理加尔·福尔曼在交易后的声明里表达了对罗斯多年付出的感激之情：“我们会一直对德里克心存感激。他是一名伟大的队友，永远将胜利放在第一位，而在与伤病和失落做抗争方面，没有人比他更努力。在他的巅峰期，当他上场时，他的表现令所有人为之惊叹，他是史上最年轻的MVP。祝德里克未来一切顺利。”

谈到罗斯这笔交易，公牛队总经理福尔曼在声明中说道：“我们的目标是让球队变得更年轻、更有运动能力，这笔交易让我们朝着那个方向前进。”而公牛队老板杰里·莱恩斯多夫则表示：“现在是罗斯离开公牛队去别的球队打球的时候了，无论球队未来怎么样，这都是我们必须做的第一步。”

许多人劝罗斯这只是一项生意，就连公牛队名宿皮蓬在谈到罗斯被交易到尼克斯队时，都表示：“我也从事这项运动很久了，没有什么是永不改变的。我认为球队做出了他们认为对未来最有利的决定。无论罗斯是否愿意承认，或许这个决定对他来说也是最好的。我认为这是双赢的，希望罗斯也能明白。这就是生意。”

但对于罗斯而言，芝加哥又岂止是一支球队而已。

他与哥哥们在芝加哥成长的一幕幕此刻闪现在眼前，从幼时对公牛队心生向往，到终于在选秀大会上圆梦，到能够成为这支球队的当家球星，他为这支球队付出的心血，岂是仅仅将其当作一门生意而已？

他想起了自己的小时候，公牛队夺冠以后，所有人包括他的三个哥哥都上街庆祝，而他因为太小被母亲不许出门。他只好坐在屋里，从窗户往外看，看到街上每个人都在庆祝，心里盼望着快点长大，好加入外面欢天喜地的人群。

他想起了自己在选秀前的忐忑，想起看到公牛队凭借着仅有的1.7%概率拿下状元签时他的渴望，想起在选秀大会上被喊出名字的那瞬间的如释重负与狂喜，想起那个MVP赛季，想起季后赛倒在骑士队脚下时心里的不甘，想起以自己名字命名的“罗斯条款”。

他也想到了自己的儿子PJ。PJ出生在2012年10月9日，正是他在第一次大伤后的养伤康复时期。对于PJ，他倾注了自己全部的爱，他渴望自己能成为儿子的骄傲，渴望给予儿子自己未曾感受太多的父爱。

他想到了许许多多，他还想为这座城市带来荣光，但芝加哥已不再需要他。

那个曾以为会永远留在芝加哥、为家乡球队带来一座冠军奖杯的少年就这样带着满心伤痛离开了家。他曾是这座城市的英雄，但在离开时，那些功绩都显得无比苍白。

罗斯 公牛队生涯常规赛场均数据

赛季	2008-2009	2009-2010	2010-2011	2011-2012	2012-2013	2013-2014	2014-2015	2015-2016
出场	81	78	81	39	0	10	51	66
首发	80	78	81	39	0	10	51	66
时间	37.0	36.8	37.4	35.3	0.0	31.1	30.0	31.7
投篮命中率	47.5%	48.9%	44.5%	43.5%	0.0%	35.4%	40.5%	42.7%
命中数	7.1	8.6	8.8	7.7	0	5.8	6.6	6.8
出手数	14.9	17.6	19.7	17.8	0	16.4	16.4	15.9
三分命中率	22.2%	26.7%	33.2%	31.2%	0.0%	34.0%	28.0%	29.3%
三分命中数	0.2	0.2	1.6	1.4	0	1.6	1.5	0.7
三分出手数	0.9	0.8	4.8	4.4	0	4.7	5.3	2.3
罚球命中率	78.8%	76.6%	85.8%	81.2%	0.0%	84.4%	81.3%	79.3%
罚球命中数	2.4	3.3	5.9	5.0	0	2.7	3.0	2.2
罚球出手数	3.1	4.3	6.9	6.1	0	3.2	3.7	2.7
篮板	3.9	3.8	4.1	3.4	0	3.2	3.2	3.4
前场篮板	1.2	0.8	1.0	0.7	0	0.9	0.7	0.7
助攻	6.3	6.0	7.7	7.9	0	4.3	4.9	4.7

（续表）

赛季	2008–2009	2009–2010	1200–2011	1201–2012	2012–2013	2013–2014	2014–2015	2015–2016
抢断	0.8	0.7	1.0	0.9	0	0.5	0.7	0.7
盖帽	0.2	0.3	0.6	0.7	0	0.1	0.3	0.2
失误	2.5	2.8	3.4	3.1	0	3.4	3.2	2.7
犯规	1.5	1.2	1.7	1.3	0	1.5	1.2	1.3
得分	16.8	20.8	25.0	21.8	0	15.9	17.7	16.4
胜	40	41	62	32	0	5	33	32
负	41	37	19	7	0	5	18	34

第三节

再度报销

重返芝加哥

北京时间2016年11月5日，被交易后的罗斯首次回到芝加哥。在罗斯其后的数次回归芝加哥的比赛里，公牛队球迷们都为他送上了掌声与MVP的呐喊。芝加哥也曾为他再次立起广告牌，告诉他，**“我们永远为你骄傲”**。

罗斯微笑着接受了这一切，他用自己的实际行动告诉着所有人，玫瑰或许不再于风城绽放，但它绝不会就此凋零。

他说：“芝加哥永远都是我的家，我永远不会离开它。 ”

带着不甘与期待，离开了家的罗斯来到了大苹果城。这个赛季的尼克斯队，除了拥有卡梅罗·安东尼、克里斯塔普斯·波尔津吉斯和罗斯，还拥有诺阿、考特尼·李、布兰登·詹宁斯等实力派球员，纸面实力强大。已经连续三个赛季不曾进入季后赛的他们，渴望在这个赛季取得进步。

在新帅霍纳塞克的带领下，尼克斯队在圣诞节前取得了16胜13负的战绩，但随着时任尼克斯队总裁“禅师”菲尔·杰克逊对球队战术理念的频频插手，队内矛盾冲突不断，更衣室内人心浮动。最终他们仅仅拿到了31胜51负的战绩，再次无缘季后赛。

罗斯对此备感失望，他说，“我不在乎我的个人数据，事实上我来到了一支新的球队，有一个巨大的机会摆在我面前，我想做出一些成绩来。但如今看

2016 年 11 月 5 日，尼克斯队客场挑战公牛队，罗斯面对昔日队友突破上篮。

来，事情却变得一团糟。”

以完全健康姿态来到尼克斯队的他这个赛季上场并首发了64场，场均上场32.5分钟和18.0分都是自2011-2012赛季以来的新高，但球队的混乱快速消磨着他对篮球的热情。他后来回忆道，在尼克斯队打球时找不到乐趣，2017年1月时他甚至萌生了退役的念头，离队了几天，被家人劝说之后才重返队内。

他不知道的是，更大的打击还在后面。

第四次膝伤

2017年4月3日，尼克斯队官方确认，罗斯因左膝半月板撕裂，赛季宣告报销。他将接受左膝关节镜手术，预计完全康复需要6-8周。

这一年的罗斯，还没到29岁，正是一个后卫的黄金年龄，然而这已经是他的生涯第四次严重膝伤。

见证他这一个赛季逐渐找回自我的队友们都相信他能健康归来，而罗斯也希望自己能留在尼克斯队，后来的罗斯回忆说：“当时，我和团队在等待尼克斯队方面的信息，但我们没有收到任何通知。所以，我们大概知道他们在寻找其他的后卫，而且他们还在选秀大会上摘下一个控卫。从那以后，我知道球队和我已经走上不同的道路。讲实话，我当时很想留在尼克斯队。尽管我们上个赛季输多赢少，但我很喜欢那个城市，那的球迷以及那里的一切。而且，管理层也发生变动，菲尔最后走人了。如果能待在那，我会很开心。”

但他又一次失望了。

已经送走了“禅师”和安东尼的尼克斯队决意重建，他们在2017年选秀大会上以8号顺位选择了曾获得2016年U18欧洲篮球锦标赛冠军和MVP荣誉的19岁控卫弗朗克·尼利基纳。

虽然罗斯表达了希望留队的态度，
但尼克斯队没有给他一份合同。

第四节

联手詹姆斯

为了总冠军

同样在这个休赛季，凯里·欧文向骑士队申请交易离队，他最终被送到了凯尔特人队，与小托马斯互换东家。小托马斯的臀部伤势使得骑士队的后卫线上出现了空缺，在他回归前的首发控卫位置打动了罗斯。抱着对总冠军的期待以及不愿辜负那些仍在爱着自己的球迷们的心情，罗斯再一次选择了重新出发。他以一份一年210万美元的底薪合同加盟骑士队。然而就在他签约后不久，骑士队又宣布以老将底薪合同签下韦德，球队后面的混乱就此埋下伏笔。

与老对手詹姆斯的联手，让罗斯遭遇了不少嘲讽，但对于罗斯而言，这是他证明自己唯一的办法。正如他许久以后提及这段岁月时说的那样："那时我只是想要重返联盟，为此，我不得不和我对抗了四五年的一支球队（骑士队）签下合同，还和我对抗了四五年的勒布朗·詹姆斯一起打球。这超级尴尬，但那是我回来的唯一办法。"

在骑士队之初，一切似乎都在向好的方向发展，他重新披上了自己熟悉的1号球衣，改变了自己的发型，为了减少对膝盖的压力，他还减重13磅，让自己的打法变得更轻巧和灵活。

然而就在10月21日对阵雄鹿队的比赛里，在终场前10分12秒，突破上篮的罗斯遭遇到了雄鹿队中锋格雷格·门罗一个类似锁喉动作的严重犯规，失去平衡重重摔倒在地的他扭伤了自己的脚踝，显得极为痛苦，而裁判回看录像

暂时的主力位置和冲击总冠军的诱惑，罗斯选择了和骑士队签约。

后，仅判了门罗一个普通犯规。

罗斯对此非常不满，他说："我认为我是这个联盟里唯一一个这样被犯规裁判都不吹对手恶意犯规的人，我的脚踝很久都没有问题了，我已经不再戴着护具了，所以我的脚踝一直没问题。"

在受伤后，罗斯休战了四场比赛又重返赛场，但没过多久伤病的再次反复使得他不得不再次休战，这一次的伤病虽然没有前几次的严重，但它带给罗斯的心理打击却是巨大的。连续不断的伤病与不稳定的状态让罗斯变得无比沮丧，他回忆起休赛季的苦练，把自己的身体状态调至最佳，宁愿以底薪加盟骑士队，就是希望能在特殊的时刻，加入特殊的球队，做些特殊的事情，但伤病却像附骨之疽绝不肯轻易放过他。

他萌生了退役的念头，于是向骑士队提出了离队申请，他需要好好想一想，自己的篮球生涯是否还能继续。

这个消息震动了全联盟。没有人愿意相信，更没有人愿意看到，许多人都公开喊话罗斯，希望他不要下这个决定。就像达米安·利拉德所说的那样："他这几年一直遭遇伤病，希望他身边的人能让他保持积极的心态，并鼓励他坚持下去！他的油箱还没有见底！我希望他越来越好。"

艰难的抉择

罗斯回到了自己的家中，在家人的陪伴下，对自己充满了自我厌弃的他终于能够冷静下来好好考虑自己的未来。他想到了许多，过往的辉煌与苦难都历历在目，他问自己：**真要就此告别赛场吗？**

正是在骑士队的这次退役风波，让罗斯想清楚了，他不想放弃对篮球的热爱，也不想停下对梦想的追逐，更想为了自己的儿子做出一个好的榜样。他说："他是我还在继续打球的唯一动力。我从小就没有父亲，所以我的母亲充

身披骑士队球衣的罗斯突破上篮。

罗斯和儿子 PJ 一起参加活动。

当了这一角色，我希望能成为儿子的榜样。”

所以他不想成为逃兵，他想以身作则，让儿子不仅以曾经的他为荣，更以现在这个饱经磨难却依然不肯低头的他为荣。

有人质疑他是为了与阿迪达斯的8000万美元的代言合同才选择归队，这遭到了罗斯的强烈反驳，他说：“不要怪我粗鲁，我根本不在乎关于钱方面的事情。我已经存够了钱，不是关于钱。如果我想离开，我就会离开。就像我所说的，回到这里，开始康复，这是我的第一步。我在这里是为了球队，我在这里是为了赢球，这就是我回来的原因之一。”

带着责任感与对篮球的爱与不甘，罗斯选择了回归。骑士队给予了他一份信任，他绝不想就这样轻易放弃打球的机会，他相信自己仍能为球队做出贡献。

但说出“如果他们需要毛巾，我可以做那个递毛巾的人。没关系的，无论怎样都行”的他绝不会想到，这个赛季的磨难远没到结束的时候。

混乱的骑士队

在小托马斯复出之后，他的球权与状态问题、JR·史密斯的首发位置、韦德和罗斯的上场时间等等问题让球队内部一片混乱，更衣室矛盾最终激化爆发，主帅泰伦·卢、乐福、韦德、小托马斯、JR等老将全都卷入了这场内战之中。战绩不佳、球员之间互相指责，整个球队气氛的压抑一眼便知。

球队内部划分成了新老派系，管理层对于更衣室早已失去了把控。每一天都有着各种各样的爆料绘声绘色地描述着球队内部的混乱。

不仅是新老球员之间的不合，昔日的好兄弟也反目成仇。在与马刺的比赛中，乐福与阿尔德里奇争抢篮板时倒地，他向克劳德伸出手希望被拉起，但克劳德却无视了他，并直接跨过乐福。JR·史密斯和小托马斯也看见了乐福，却没有人上前去拉起他。

而在与火箭队的比赛中，小托马斯也同样遭遇了这一幕。他突破过掉卡佩拉，然后面对格林的补防完成上篮。旁边的特里斯坦·汤普森和韦德也同样无视他的摔倒，反而是在三分线外的罗斯跑了过来将他扶起。

尽管不曾站队任何一方，但身在其中的罗斯并不好受。为了肃清球队纪律，骑士队选择了大清洗，将夏天所有新加盟的球员全都交易出去。在2018年2月9日与国王队、爵士队的三方交易中，罗斯被送到了爵士队。爵士队随即便宣布将他裁掉，让他可以去加盟一支季后赛球队。

短短两年之间，罗斯数易东家，他已经有7年没打过一个完整的赛季了。一次次的受伤与失望让他深感命运的无常与个人的无力。他挣扎着接受了自己不再是首发，却又受困于球队的混乱无法离冠军梦想再进一步。

在经历过这坎坷的两个赛季后，如果选择放弃也许并不会有人苛责他，但罗斯还不想就此放弃。哪怕在被骑士队交易后，他依旧通过经纪人表示："罗斯其实不抱怨骑士队买卖，本人的状态确实有下滑，能为球队做奉献很满足，等待下一站。"

他依旧相信自己，经过风吹霜打的玫瑰或许曾在风中摇摆，但依旧坚挺着，不肯凋零。

仅仅代表骑士队出场 16 次，罗斯就被交易到了爵士队。

fitbit
TIMBERWOLVES
25

第九章·

不说凋零

ROSE

第一节 转战明尼苏达

与恩师重逢

从2月11日被爵士队裁掉以后，球迷们足足等待了将近一个月的时间，才等来罗斯的下家消息。在这一个月里，罗斯曾与奇才队、快船队等多支球队传出绯闻，但他最终选择了与森林狼队签约至赛季结束。

这支森林狼队让不少公牛队球迷都顿生熟悉之感，除了主帅是原来公牛队的主帅汤姆·锡伯杜之外，还有吉米·巴特勒、泰·吉布森、贾马尔·克劳福德和阿隆·布鲁克斯这四名公牛队旧将在。

罗斯与锡伯杜的重聚让不少球迷都心情复杂，在此之前，巴特勒在对阵火箭队的比赛中遭遇右膝半月板撕裂，不得不接受半月板修复手术休战。受伤离场前，他已经出战了25分钟，这个赛季他场均出场时间高达37.1分钟，高居联盟第二。

这让不少球迷仿佛噩梦重现，对锡伯杜的高强度用人心有余悸，但不可否认的是，锡伯杜对罗斯的使用有他的独到之处。就像罗斯说的那样："到目前为止我认为他（锡伯杜）是最好的教练，但我仍有许多能量。谁知道他能否激活一些潜力呢，我无须证明任何事情。我会让我的努力说明一切。"

在巴特勒受伤之前，森林狼队一度打得极其强硬，他们场均能得到109.6分，排名联盟第六；进攻效率111.2，联盟第三；24.9%的进攻篮板率，位居联盟第四；而进攻篮板带来的每场14.2分的二次进攻得分，联盟第三。从他们排

2017-2018赛季收官战，森林狼队战胜掘金队，最终排名西部第八晋级季后赛。

名联盟第三的8.66次抢断和联盟第四的18.1分利用失误得分，你可以看出这支球队在防守端的侵略性。这一切与当年的公牛队又何其相似。

用表现赢得肯定

巴特勒的受伤，让这支球队出现了挣扎，在签下罗斯之时，森林狼队排名西部第六，接连输给了季后赛竞争对手开拓者队和爵士队，只领先西部第九名的掘金队2.5个胜场，他们接下来的15场比赛赛程极为艰苦，除了季后赛直接竞争对手之外，还要面对东部强队。

最终，森林狼队在常规赛最后一场比赛战胜了直接竞争对手掘金队，惊险地以西部第八的身份进入到季后赛。罗斯上场了9场比赛，表现中规中矩，这几场比赛里，罗斯的上场时间都不高，球迷们担心的再次被过度使用问题并没有出现。而在森林狼队站稳了脚跟的罗斯，状态也逐步回升。

进入到季后赛后，那支当赛季获得常规赛冠军、取得65胜17负的火箭队，和火力全开、荣膺当赛季常规赛MVP的詹姆斯·哈登逼出了我们熟悉的罗斯。尽管森林狼队最终以1：4被淘汰，在这5场比赛中均为替补上场的罗斯表现可圈可点，突破、中投、拉杆全都有，5场比赛分别拿到了16分、9分、17分、17分、12分，甚至在第四场比赛以替补身份上场高达32分钟。

在唐斯、威金斯和巴特勒都遭遇到火箭队严防死守的情况下，罗斯成为森林狼队的奇兵，他的突破也成为森林狼队得分的关键。

在双方对决的首场比赛里，火箭队其他队员表现不佳，完全凭借哈登一人的大发神威才始终占据微弱优势。而与他对战的罗斯也毫不逊色，持续投进关键中投的他，在三节结束时就拿到了16分，是森林狼队当时得分最高的球员。

而在森林狼队扳回一城的第三场比赛里，罗斯更是表现出色，他仅仅上场21分钟就拿到了17分。这场比赛，也是森林狼队时隔14年来的第一场季后赛胜利。他们上一次在季后赛取胜，还是2004年对阵湖人队的西决第五战，当时球队的核心还是加内特、卡塞尔和斯普雷维尔。

整个系列赛，罗斯的在场正负值为+1，是森林狼队仅有的两个正负值为正数的球员之一，另一个则是泰厄斯·琼斯，但琼斯出场总时间甚至不到罗斯的一半。

可以说，正是在对阵火箭队时的精彩表现，让森林狼队决定留下罗斯。

2018年夏天，罗斯一年底薪续约森林狼队。

罗斯凭借出色的表现赢得了森林狼队的续约合同。

第二节

50分之夜

森林狼首次首发

北京时间2018年11月1日，森林狼队迎战爵士队，赛前没有人看好前者能捍卫主场。

休赛季就向森林狼队递交了交易申请的吉米·巴特勒本场比赛因“全身酸痛”而轮休，杰夫·蒂格则因膝伤而缺战，卡尔·安东尼·唐斯直到赛前才确定会上场。而对手爵士队表现抢眼，在多诺万·米切尔与鲁迪·戈贝尔的带领下4胜2负。

在这种情况下，罗斯迎来了自己在森林狼队生涯的首次首发。

本场比赛之前，森林狼队3胜4负，但罗斯的表现却让人眼前一亮，在森林狼队136∶140惜败给独行侠队的比赛中，同样是在巴特勒缺阵的情况下，罗斯登场32分钟拿到28分5个篮板5次助攻。

没有人想过，罗斯还能带来更大的惊喜。

比赛开始，在第一个两分打铁后，罗斯接连命中一个三分和两分，然后助攻泰·吉布森命中。紧接着，他又造成戈贝尔犯规打成2+1，并在随后再次造成戈贝尔犯规两罚命中。森林狼队的前12分全都与罗斯有关。许多人从这时就已经嗅到了不寻常的气息。

首节比赛，在威金斯和唐斯全都手感不佳的情况下，罗斯单节就砍下了13分，抢断、篮板、助攻样样有。主场的气氛已经逐渐燥热，在罗斯进攻时，

2008年11月1日，
罗斯首发出战对阵爵士队的比赛。

现场已经零星响起了MVP的喊声。在罗斯的出色表现下，森林狼队以32：25领先爵士队。

进入次节比赛，威金斯与唐斯状态复苏，罗斯在第二节中段被换上场，在森林狼队陷入得分荒之时，也是他打破僵局。在这节比赛，他命中一个罚球一个两分拿到三分，森林狼队半场结束以65：56仍旧领先于爵士队。

第三节比赛，罗斯延续了首节的炙热手感，先是连拿7分，接着在爵士队全面复苏多点开花的情况下，他一人独得10分，在他和唐斯的极力支撑下，三节战罢，森林狼队仍旧以101：96领先于爵士队。

三节比赛结束，罗斯已经拿到了35分，此时的标靶中心球馆已经陷入沸腾。

罗斯出色的发挥帮助森林狼队保持领先优势。

第四节比赛一开始，森林狼队陷入了得分荒，爵士队趁机将比分反超。而第四节刚开始不久，罗斯在一次上篮被犯规后，后脑勺撞到了队友的膝盖上，他痛苦地抱着脑袋的样子让许多球迷都紧张地祈祷着，好在罗斯并无大碍，又重新回到了场上。

在比赛陷入胶着之际，还是罗斯站了出来，当他在外线命中三分帮助球队扳平比分且超越了自己常规赛生涯最高分42分时，森林狼队主场陷入了疯狂。

比赛最后30秒，罗斯持球强攻，在篮下命中高难度两分，帮助森林狼队以125：123取得领先。戈贝尔“打铁”，使得卢比奥赶紧对唐斯犯规，后者二罚一中，森林狼队126：123领先。

艾克萨姆快速命中两分，英格尔斯对罗斯犯规，罗斯稳稳两罚全中。

克劳德、英格尔斯三分接连打铁，艾克萨姆再次尝试三分出手却被罗斯致命封盖！唐斯抢下防守篮板，比赛就此终结！森林狼队128：125主场险胜爵士队。

而罗斯的数据定格在出场41分钟，31投19中，三分线外7中4，罚球11中8，拿下全场最高的50分，外加4个篮板6次助攻1次抢断1盖帽。

当比赛终场哨声响起时，不管是场内场外还是电视机前，许多球迷双眼都和罗斯一样饱含着热泪，就连当场比赛的两位解说员都忍不住数度哽咽。标靶中心球馆将近两万名的观众无一人离场，无论是森林狼队球迷还是爵士队球迷，全都发自内心地为他庆贺，现场响起如雷般的掌声。在掌声和队友的簇拥中，罗斯再也忍不住泪洒当场，用毛巾捂脸失声痛哭。

玫瑰再次绽放

在此之前，罗斯的常规赛单场最高得分是42分，两次全都来自他获得MVP的2010-2011赛季。他首次拿下42分是在2011年2月17日公牛队主场战胜马刺队的比赛中，当时他面对的是正值巅峰的马刺队“GDP”组合，但初生牛犊不怕虎的罗斯打出了极高的效率，并且凭借着自己出色的发挥，率领着公牛队几乎全场都压着马刺队，哪怕“GDP”联手拿到56分也不得不吞下失利的苦果。

随后，在3月18日公牛队客场对战步行者队的比赛中，罗斯再次拿下42分，可惜公牛队以108：115输掉比赛。

一晃2785天，在30岁27天这天，罗斯成为NBA历史上所有拿过MVP的球员中首次砍下50分年龄最大的球员。然而这其中的曲折与辛酸，绝不仅仅是简单几个数字就能概括的。当他数次遭遇足以毁灭职业生涯的伤病时，没有人想过他还有一天能再次成为主宰比赛的英雄；当他几度飘零被交易、已经接受了自己成为替补的命运时，没有人想过有一天，他会重回首发打出这样一场酣畅淋漓、精彩绝伦的比赛。

全场比赛，罗斯共完成了34次突破，是2016-2017赛季以来联盟最多的一次，在三分与投射盛行的年代，曾遭遇过这般大伤的罗斯还能一次次顶着对手扭曲上篮，更让人感动不已。

赛后，当被问及本场得分生涯新高的意义是什么，以及拿到50分新高的感受如何时，罗斯含泪表示：“50分对我来说意味着一切，如果没有不停的训练、没有森林狼队这支球队、没有球迷的支持，我无法取得这样的成绩。”

“我把心都掏出来了，”罗斯说，“队友们告诉我去打出属于我的比赛，今天这场比赛不错。”

见证罗斯这几个赛季的球迷们最懂他所言非虚，他曾饱经挫折，但他始终相信自己，只要能上场，他就会付出100%的努力。

正如韦德所说：“世界上每个篮球迷都应该为罗斯感到高兴！这就是一个永不言弃的例子，当你一直相信自己，美好的事情就会发生。罗斯得到50分，我太高兴了，笑得像是自己得了50分一样！恭喜罗斯！”

也正如詹姆斯所说的那样：“他是NBA历史上最年轻的MVP，他一次次地和伤病做斗争，无论外界对他怎么评价，他都努力重回赛场。很多人在说他的坏话，告诉他应该做什么，不应该做什么。他多么喜欢打篮球，而这就是他想做的一切，即使超级英雄曾被击倒，他仍然是一个超级英雄。德里克的表现是难以置信的，他用努力证明了自己依旧是一名超级英雄。”

花有重开日，人有再少年。经历过风刀霜剑苦相逼的**“风城玫瑰”终于再次绽放。**

单场得到 50 分，赛后罗斯自己也抑制不住激动的情绪。

第三节 加盟活塞队

新的开始

在罗斯砍下50分后不久，巴特勒与森林狼队的闹剧也正式宣告完结。森林狼队与76人队达成了交易，除了巴特勒外，76人队还得到了贾斯廷·巴顿，森林狼队则得到了杰里·贝勒斯、罗伯特·科温顿、达里奥·沙里奇和一个2022年的次轮签。

罗斯在这个赛季一共出场51场比赛，其中首发13场。整个赛季罗斯的表

2019年夏天，罗斯选择与活塞队签约。

现可圈可点，场均上场27.3分钟，却能拿到18.0分2.7个篮板4.3次助攻，他有24场得分20+，其中还有4场30+。可以说，在2018-2019赛季，罗斯是森林狼队内表现最好的球员。

对于帮助自己重生的森林狼队，罗斯充满感激，哪怕在球队解雇他的恩师锡伯杜之后，罗斯也曾公开表示过自己希望留在球队的愿望。

合同到期的罗斯再一次进入自由球员市场，凭借着过去一年的出色表现，多支球队都向他伸出橄榄枝。这一次，罗斯选择了底特律活塞队，两年1500万美元。

时间倒退两个赛季，没有人看好罗斯能重新拿到千万合同，但他通过自己的顽强不屈，证明了只要能让他站在赛场之上，他就依然能成为球队的中坚力量。

活塞队对罗斯展露出了足够的诚意与尊重，球队高管表示：“虽然罗斯将出任雷吉·杰克逊的替补，当有需要时他也完全可以顶上首发，他完全有这个

罗斯在活塞队对阵步行者队的比赛中完成抛投。

能力，他的正常发挥就能帮助到我们成长，帮助到队内的年轻球员。”

正是这一份尊重，打动了罗斯。

来到活塞队以后，罗斯迅速展现自己的经验与担当，在活塞队遭遇伤病潮、主力控卫雷吉·杰克逊因腰伤频繁缺战的情况下，罗斯挑起了整支球队。

在2018-2019赛季表现出色的活塞队三人组在这个赛季都遭遇了不同程度的不如意。格里芬再次接受左膝清创手术赛季报销；德拉蒙德尽管篮板数据依然出色，但进攻端的乏力使得球队痛下决心将其送至骑士队，换回布兰登·奈特、约翰·亨森和一个2023第二轮选秀权；而雷吉·杰克逊的腰伤反复使得球队在2月选择将他的合同买断。

从替补到核心

兜兜转转间，罗斯成为球队最值得信赖的球员。从整个赛季来看，由于伤病的原因，无人可用的活塞队围绕着罗斯布置了大量战术，罗斯的出手权和战术地位相比上赛季得到显著的提升，是活塞队内当之无愧的球队领袖。

虽然场均出场时间只有26.0分钟，但他场均能拿到18.0分，投篮命中率49.0%也是生涯最高，这还是在他三分球命中率只有30.6%的情况下达成的。

他的投篮出手大多集中在篮下和近距离这两块拿手区域。在活塞队的这个赛季，他篮下场均出手4.5次命中3.0个球，篮下出手相比上赛季增加了0.7%，篮下命中率来到生涯第二高的67.0%，近距离场均出手相比上赛季增长1.2个，命中率则为生涯新高的46.0%。

在防守端，罗斯场均可以贡献0.8个抢断和0.3个盖帽，防守WS值也从2018-2019赛季的0.3提升到了0.7。除此之外，场均5.6次助攻更是他从2011-2012赛季以来的新高，能攻能防还能串联全队，可以说，在活塞队的这个赛季，罗斯打出自2011-2012赛季受伤以来的最佳表现。

2019-2020赛季，罗斯在活塞队表现出色。

尽管活塞队最终只拿到20胜46负，但所有人都清楚地意识到，那个最年轻的MVP，他涅槃重生了。

无缘季后赛的活塞队进入休赛期后动作不断，选秀大会上他们先后选中基利安·海斯、以赛亚·斯图尔特、萨迪克·贝和萨宾·李四名新秀，其中7号秀海斯更被看作球队重建的核心。放弃续约上赛季发挥出色的克里斯蒂安·伍德，给出三年6000万美元的大合同签下锋线摇摆人杰里米·格兰特。随后他们又接连签下梅森·普拉姆利、贾利尔·奥卡福和约什·杰克逊，参与三方交易得到双能卫德朗·莱特。

囤积大量内线球员的一系列操作让媒体和球迷直呼看不懂，甚至还有其他球队的高管匿名表示活塞队休赛期的操作是全联盟最烂。对于罗斯而言，这一切都已无所谓，能够有稳定的出场时间开开心心地打球，他愿意接受球队的一切安排！

随着2020-2021赛季大幕的拉开，活塞队毫不意外地成为东部战绩最差的球队之一。对于目标是彻底重建的活塞队来说，合同即将到期的罗斯成为优质筹码，而罗斯也凭借过去两个赛季的稳定表现赢得了多支争冠球队的兴趣。

就在2月8日，关于罗斯的交易尘埃落定，为了补强薄弱的后卫线，尼克斯队送出丹尼斯·史密斯和一个2021年的二轮选秀权，**“玫瑰”重回纽约城！**

在锡伯杜的调教下，尼克斯队本赛季展现出了过去没有的精神风貌，冲击季后赛成为现实的目标。相比于加盟一支争冠球队，为了冠军牺牲部分出场机会，罗斯选择到昔日恩师锡伯杜麾下效力。在曾经战斗过的地方重新书写自己的篇章。

身穿 4 号球衣的罗斯在尼克斯队对阵火箭队的比赛中盯防梅森·琼斯。

第四节

逆境前行

32岁的罗斯站在场边，与他并肩的多是比他小上好几岁的球员。他曾年少得意，“春风得意马蹄疾，一日看尽长安花”就是对少年罗斯最好的形容。玫瑰又岂止是他的名字而已，当你看着他快速冲过半场，稍做停顿后更加猛烈地加速变向，最终张手命中时，就仿佛看到**一朵艳红的玫瑰在瞬间华美绽放**。

少年成名的球员有许多，遭遇大伤后重新回到赛场上仍能打出精彩比赛的球员也很多。但在连续遭遇大伤后，仍能不屈不挠、保持积极心态，从底薪合同再度打回千万合同的，却只有罗斯一个。

这或许与他自小的生长环境、家人的爱护有关，哪怕球鞋合同与篮球合约都已有过亿收入，他依然是当初那个沉默寡言、内向又害羞、内心柔软的罗斯。他一直记得一路走来所收获的满满爱意，也愿意用自己的一切去回报。

生长于芝加哥的他被球迷们当作自家兄弟，芝加哥人说：“罗斯不仅仅是一名公牛队球员，他就像我们每个人的堂兄弟一样，他为这座城市打拼。我们都记得那些日子，一家人坐在电视机前看公牛队的比赛，享受着罗斯打球带来的单纯而美妙的乐趣。”

罗斯用他在场上的倾其所有回报着球迷们对他无私的爱，那些在他巅峰期慕名而来的球迷，许多人并没有在他低谷期离他而去，而是用更加真挚的爱来温暖着他，鼓励着他。

2017年的中国行，当看到主办方为他展示的中国球迷录制的视频时，罗

32 岁的罗斯已经是联盟中的老将。

罗斯依旧是芝加哥球迷的英雄。

斯潸然泪下，几度哽咽。直到许久以后，在自己梦回巅峰砍下50分之后，他还专门感谢了中国球迷：“感谢中国的朋友们。感谢大家对我的支持，尤其那些为我流泪的兄弟们。谢谢你们在我受伤期间给予我的爱，谢谢你们给我的支持，我会一直奋斗，我不会让你们失望的！”

球迷给予的爱让罗斯深感宽慰，但他一直明白，自己所收获的一切并不是理所当然。他看到过太多壮志未酬的年轻人，也看到过太多因伤病而陨落的天才。

这一路上他得到了无数的爱，也接受了无数的质疑。没有人知道，从数次伤病中恢复再次走上球场时，他要面对怎样的心理挣扎；也没有人知道，在面对外界惋惜的口吻，说着玫瑰从此再无可能盛放、应该尽早退役时，他内心有多少不服。

但他依旧不善言辞，在骑士队更衣室内乱闹得沸沸扬扬之时、在森林狼队看着吉米·巴特勒公开指责唐斯与威金斯之时，他都沉默不语。他只想上场去，勤勤恳恳地打球，用自己的努力去带动身边的人。无论在哪里，他都是场上最令人安心的那一个。你知道在球队最需要他的时候，他一定会站出来，无论是最后的绝杀，还是关键时刻的防守，他都一定不会让你失望。

这就是罗斯，当你看到如今的他微笑面对过往的一切，转身仍在场上努力拼搏时，你总会心生感慨，恍然间仍能看到当初那个骄傲的少年，微笑着对你说：

“世界以痛吻我，我却报之以歌。”

名场面
十大经典战役

纵观罗斯绵延十几载的生涯，经典战役无数，或是决胜时刻见血封喉，或是季后赛首秀惊艳爆发，或是大伤之后感天动地。这些战役书写的激动人心、热血沸腾、豪迈壮阔，记载了罗斯生涯经典中的经典。每一场比赛对于罗斯的球迷来说，无不是恍如就在眼前。

顶级控卫宣言！霸气碾压 55 分先生

北京时间2011年3月27日，公牛队客场挑战雄鹿队。此役罗斯面对的是得分能力彪悍的布兰登·詹宁斯，后者在新秀赛就曾砍下55分。在这样一场东部顶级控卫的对决中，罗斯再度彰显了自己遇强则强的特点，全场比赛他拿到30分17次助攻，17次助攻创造了罗斯的NBA生涯纪录。

反观得分能力极强的詹宁斯，却在罗斯的严防死守之下彻底迷失，全场比赛詹宁斯15中5，仅仅拿到13分5次助攻，对位中完全遭到罗斯的碾压。

本场比赛关键的末节，罗斯一人贡献了10分4次助攻，完全主导了公牛队的进攻。率领球队打出26：13的悬殊比分，实现了末节逆转。这样一场顶尖控卫的对决中，罗斯用数据和胜利全部带走的表现，向世人宣告谁才是东部最强的控卫！

罗斯与詹宁斯对位。

古典后卫表演！零罚球打出逆天效率

北京时间2020年2月29日，德里克·罗斯率领活塞队客场挑战太阳队，此役罗斯打出了一场标志性的“古典后卫表演”。

全场比赛罗斯没有1次罚球，仅命中1记三分球，这样的数据与这个效率至上的时代格格不入。但罗斯却用自己稳定的中投和突破，全场24中15，拿到31分4次助攻，如此效率、如此进攻方式，放眼如今的时代实属罕见。

更为难能可贵的是，全场比赛罗斯末节一个人独揽13分，活塞队的最后两次进攻异常关键，罗斯用两次稳稳的强打命中，让太阳队逆转的希望彻底破灭。

这就是罗斯——大伤之后，他依旧在用自己熟悉的方式主宰比赛，关键时刻他依旧是拥有让人望而生畏超级大心脏。面对联盟新生代后场的代表德文·布克，德里克·罗斯证明了昔日的MVP绝非浪得虚名，大伤和流浪难以磨灭他的杀手本色。

罗斯突破太阳队卢比奥的防守。

伤后浴火重生！季后赛双加时暴走

北京时间2015年4月24日，公牛队在季后赛中再战雄鹿队，是役两队打出了荡气回肠的较量。全场比赛经历双加时方才分出胜负，公牛队客场惊险取胜。是役对于罗斯而言同样是一场极其重要的战役，两个月前刚从膝盖重伤中归来，两个月后他便在季后赛中打出经典战役。

全场比赛罗斯命中了5记三分球，23投12中，高效拿到了34分8次助攻，关键的常规时间最后时刻，他的罚球帮助公牛队将比赛拖入了加时。决定胜负的第二个加时赛，罗斯独得6分，比雄鹿队全队的5分还多。

这样一场胜利，不仅帮助公牛队取得3：0的领先，拿到赛点并基本锁定晋级，更是一场宣告罗斯王者归来的战役。

尽管数次经历伤病折磨，但罗斯依旧能够在季后赛中出战48分钟、高效取分、关键时刻发挥作用，风城玫瑰未曾退场。

罗斯怒吼庆祝。

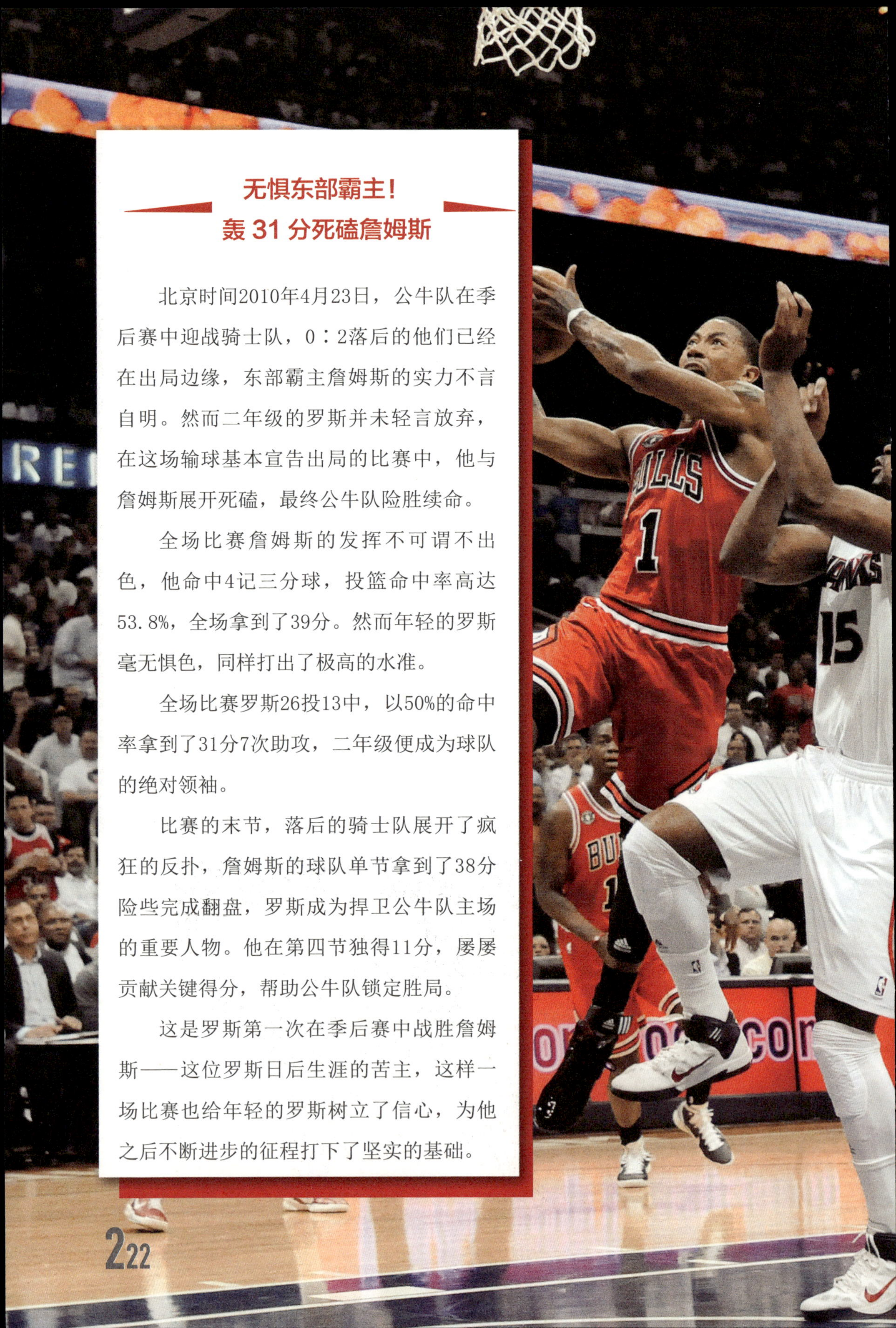

无惧东部霸主！轰 31 分死磕詹姆斯

北京时间2010年4月23日，公牛队在季后赛中迎战骑士队，0∶2落后的他们已经在出局边缘，东部霸主詹姆斯的实力不言自明。然而二年级的罗斯并未轻言放弃，在这场输球基本宣告出局的比赛中，他与詹姆斯展开死磕，最终公牛队险胜续命。

全场比赛詹姆斯的发挥不可谓不出色，他命中4记三分球，投篮命中率高达53.8%，全场拿到了39分。然而年轻的罗斯毫无惧色，同样打出了极高的水准。

全场比赛罗斯26投13中，以50%的命中率拿到了31分7次助攻，二年级便成为球队的绝对领袖。

比赛的末节，落后的骑士队展开了疯狂的反扑，詹姆斯的球队单节拿到了38分险些完成翻盘，罗斯成为捍卫公牛队主场的重要人物。他在第四节独得11分，屡屡贡献关键得分，帮助公牛队锁定胜局。

这是罗斯第一次在季后赛中战胜詹姆斯——这位罗斯日后生涯的苦主，这样一场比赛也给年轻的罗斯树立了信心，为他之后不断进步的征程打下了坚实的基础。

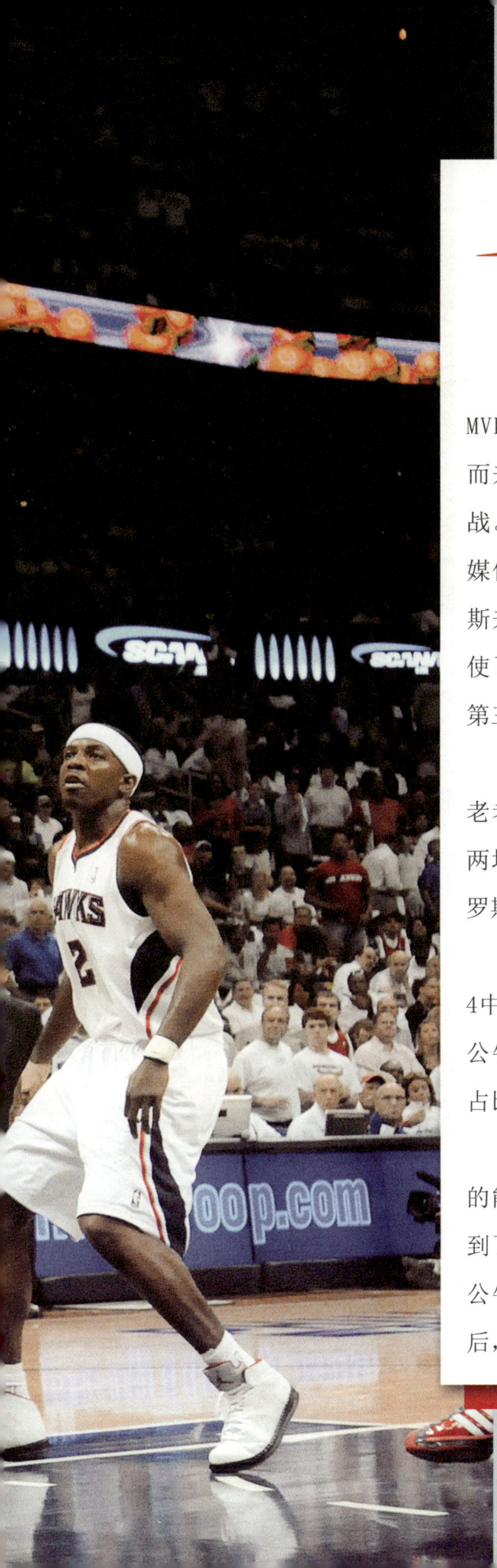

MVP 正名之战！季后赛 44 分创纪录

2011年罗斯拿下了当赛季的常规赛MVP，成为NBA历史上最年轻的MVP。随之而来的季后赛，每一场对于他而言都是挑战。他成为对手的重点防守对象，他成为媒体聚光灯瞄准的对象。然而压力对于罗斯来说早已稀松平常，正是这样的情况促使了他的大爆发。面对老老鹰队的系列赛第三场，罗斯的生涯纪录应运而生。

北京时间2011年5月7日，公牛队迎战老老鹰队展开双方的第三场较量，此前的两场比赛两队平分秋色。关键的第三战，罗斯主宰了场上的一切。

全场比赛，罗斯27投16中、三分球7投4中，独得44分7次助攻。要知道全场比赛公牛队全队不过拿到了99分，罗斯的得分占比之高让人瞠目结舌。

这场季后赛，罗斯完全证明了自己MVP的能力，用一场华丽的个人得分表演，拿到了NBA生涯季后赛单场最高得分，也帮助公牛队拿到了系列赛的关键胜利。是役之后，胜负的天平开始倒向公牛队。

死磕卫冕冠军！
准三双为公牛队续命

这是罗斯生涯的首次季后赛之旅，公牛队的对手是卫冕冠军波士顿凯尔特人队，1∶2落后的公牛队几乎陷入绝境，新秀罗斯爆发了！

北京时间2009年4月27日，绿军客场迎战公牛队，客队2∶1领先力争赛点。比赛中他们也一度无比接近胜利，末节开始他们还领先5分。

罗斯开启了捍卫主场的征程——整个第四节他一个人贡献了13分，帮助公牛队单节净胜5分将比赛拖入加时。随后历经两个加时的鏖战，罗斯帮助球队拿到了胜利。

新秀罗斯全场贡献了23分11个篮板9次助攻的“准三双”，三项数据全部是全队最高。面对卫冕冠军，年轻的罗斯和公牛队没有轻言放弃，他们拒绝在主场将自己送入绝境。罗斯的季后赛生涯中，没有收获过三双，此役的准三双表现，是他季后赛生涯中最全能的一场比赛。

威震北岸花园！
季后赛首秀大爆发

北京时间2009年4月19日，对于罗斯而言是格外值得铭记的日子。彼时他迎来了生涯季后赛首秀，对手是强大的卫冕冠军凯尔特人队，场地是被称作“魔鬼主场”的北岸花园球馆。年轻的罗斯用初生牛犊不怕虎的华丽演出，宣告了又一个巨星的降临。

全场比赛，面对强大的对手，罗斯出战了50分钟，投出了19投12中的超高效率，贡献了36分11次助攻的惊艳数据。这是罗斯的季后赛生涯首秀，他用一场近乎疯狂的表演震惊NBA联盟、震惊全美。

本场比赛的下半场罗斯独得23分，在一场比分不算太高的鏖战中，他一人制造了全队一半左右的得分。正是凭借他的逆天首秀发挥，公牛队以2分险胜凯尔特人队，让卫冕冠军的季后赛征程遭遇当头一棒。

刷新生涯纪录！今夜罗斯超越乔丹

迈克尔·乔丹被称作篮球之神，但这位“神”也有难以征服的球队——乔丹生涯4次面对圣安东尼奥马刺队轰下40分以上得分，这4场比赛无一例外全部输球。篮球之神穷极生涯未能做到的成就，罗斯却做到了。

北京时间2011年2月18日，罗斯率领公牛队挑战彼时的联盟第一马刺队。全场比赛罗斯打出了几乎完美的发挥——尽管在三分线外毫无建树，但他全场28投18中，用一次次中投和突破，撕裂了波波维奇倾心打造的防线。

四节战罢罗斯贡献了42分8次助攻，帮助公牛队击败了彼时46胜9负的马刺队，送给了对手赛季第10场失利。他也成为公牛队最近25年唯一一位，对阵马刺队的比赛中拿到40分以上得分并取得胜利的球员。

淡定三分绝杀！风城玫瑰气走詹姆斯、欧文

北京时间2015年5月9日，公牛队主场迎战骑士队，双方展开系列赛第三场的争夺。彼时与罗斯隔场而立的是詹姆斯和欧文的组合，公牛队和骑士队展开了关键战的搏斗。

比赛的进程足以证明双方的求胜欲以及是役的重要性——双方一直打得难分难解，比分犬牙交错，罗斯的球队带着1分的优势进入末节。随后双方展开了更为激烈的争夺，终场前11秒JR·史密斯（骑士队前后卫）命中三分，让双方比分来到了96平。

决定比赛胜负的最后一投，罗斯站了出来。他面对特里斯坦·汤普森（骑士队前中锋）的扑防，果断地送上三分跳投，球空心入网，罗斯完成绝杀！

在那个饱受伤病困扰的赛季，罗斯再度证明自己的关键球能力，天生杀手的大心脏在彼时彰显无疑。全场罗斯贡献了30分7个篮板7次助攻，与老对手勒布朗·詹姆斯联袂上演一场经典战。绝杀之后面对疯狂庆祝的队友，罗斯的表情略显淡定。饱经风霜的冷血战神，在那一刻确实特别酷。

玫瑰永不凋零！50分之夜感天动地

北京时间2018年11月1日，对于罗斯、NBA联盟甚至整个篮球世界，都是值得铭记的一天。那天的故事讲述了昔日天才饱受伤病摧残，却拒绝向命运低头，在生涯巅峰已过之时打出生涯最耀眼表现的不朽篇章。

罗斯在森林狼队的主场拿到了50分，全场比赛31投19中，另外还贡献了6次助攻4个篮板。这是罗斯生涯的传奇之夜，比赛结束之后他在赛场中心，接受数万球迷的膜拜，眼含热泪地为自己的生涯之夜致辞。

比赛的最后一节，罗斯几乎以一己之力对抗骑士队全队，单节拿到15分，不断用中投和突破取分，直至面对最佳防守球员鲁迪·戈贝尔打中制胜上篮，完成了传奇夜晚的最后杰作。

他是曾经的MVP，但伤病却狠狠地“照顾”了他，四次大手术几乎让他失去了爆发力，曾经白马银枪的飞扬少年，如今已是饱经沧桑的“流浪汉”。然而罗斯的梦想还在，那个曾经主宰芝加哥的意气风发的MVP未曾离开，身体固然已经不及当年之勇，但追逐梦想的勇气和决心并没有消退。时隔8年再创生涯纪录，这样的故事热血又美好。

砍下 50 分的罗斯仰天怒吼。

梦之队
奥运成永远遗憾

纵观罗斯的NBA生涯，遗憾和惋惜成为绕不过的词语。史上最年轻MVP毁于伤病，未到巅峰却无奈陨落。实际上不仅是NBA生涯，罗斯的国家队生涯同样充满遗憾。2012年和2016年的两次奥运会，他都因为伤病遗憾无缘。巅峰期未能成为奥运梦之队的成员，罗斯的两个世锦赛冠军只能是聊以慰藉。

2012年美国梦之队众星云集，却不见罗斯的身影。彼时的他刚刚成为最年轻MVP不久，势头正盛，本该是在伦敦大放异彩的绝佳机会，但伤病却阻止了这一切。

对阵76人队的重伤，不仅改变了系列赛的走势，更是让他只能长时间的休战。彼时距离奥运会开幕已经只有寥寥数月，罗斯也遗憾地错过了巅峰期征战奥运的机会。

最终那届美国队在决赛中激战西班牙，力克对手之后取得了连冠。那时的罗斯只能在电视机前看着科比、詹姆斯捧杯，遗憾和苦闷不言自明。

又是一个4年的周期，2016年里约奥运会时，因为频繁的伤病，罗斯早已不是美国队的一线后场，竞争美国国家队的奥运席位本就困难。雪上加霜的是，那个赛季他又经历了膝盖和半月板的伤势，在自己巅峰的尾巴，他又一次错过了奥运会。

罗斯的国家队生涯，仅有的两次慰藉就是2010年和2014年的世锦赛，彼时他两次随队拿到了冠军。特别是2010年的世锦赛，彼时的罗斯已经是联盟的顶级控卫，也成为美国国家队的首发。

在星光熠熠的美国队内，他9次登场全部是首发的身份，场均上场时间达到23分钟，可谓是绝对主力。场均能够拿到7.2分和3.2次助攻。2014年重伤后的罗斯再度成为梦之队的人选，并最终帮助球队拿到了2014年世锦赛的冠军。

纵观罗斯生涯巅峰那几年，联盟中的超级后场同样不少，诸如稳定的克里斯·保罗、同为状元的约翰·沃尔、球风极其吸引人的凯里·欧文。从2010年的世锦赛竞争来看，巅峰罗斯可谓毫不落下风。

可惜的是，无数次的伤病摧毁了他的天赋。在顶级天赋云集的美国梦之队，罗斯逐渐失去了自己的位置，**两度无缘奥运会也是其生涯最大的遗憾之一**。

2014 年西班牙篮球世界杯，罗斯运球突破对手。

死对头

生涯五大对手

2008年成为NBA状元郎，2011年当选MVP创造NBA历史，随后生涯虽历经伤病但仍时有高光，罗斯的NBA生涯足够传奇与励志。纵观罗斯成名的这个时代，同样也是NBA众星璀璨的时代，那些放眼历史都灿如星辰的名字在这个时代不断涌现，勒布朗·詹姆斯、德维恩·韦德、德怀特·霍华德、克里斯·保罗……罗斯生涯与这些历史级别的巨星都有无数交集，他们也联袂奉献了数不胜数的高光画面。

细数罗斯生涯的主要对手，上述名字断然不可忽视，另外一个不能忘却的名字叫作伤病——生涯数次遭遇毁天灭地的重大伤病，让罗斯的生涯未能达到预期的高度。在与这些伤病斗争的过程中，罗斯展现出的勇敢意志却让人顿生敬意。

无情伤病

勒布朗·詹姆斯

德怀特·霍华德

德维恩·韦德

克里斯·保罗

霍华德封盖公牛队
布泽尔的上篮。

德怀特·霍华德

——MVP竞争者 他成罗斯创纪录背景板

2011年MVP评选，罗斯力压群雄创造历史，一举成为NBA联盟最年轻的MVP。彼时他击败的并不是如日中天的勒布朗·詹姆斯，而是无比接近生涯首座MVP奖杯的德怀特·霍华德。这位魔术队当家核心，最终的票选结果排名第二，遗憾地错过了生涯最佳的夺魁机会。

彼时的霍华德在那个赛季场均贡献22.9分14.1个篮板1.4次抢断2.4次盖帽，单核率队拿到52胜30负的战绩，数据层面和战绩层面的表现都非常惊艳，但无奈的是他遇到的是意气风发的罗斯。

最终的票选中霍华德拿到了643分，位列第二，罗斯则是以1182分的压倒性优势荣膺常规赛MVP。如今看来，彼时的500多分差距，成为霍华德生涯距离MVP最近的一次。罗斯的横空出世，让霍华德MVP梦碎。

当时效力于快船队的保罗出战与公牛队的比赛。

克里斯·保罗

——第一控卫之争 罗斯险将他拉下马

克里斯·保罗绵延十几载的职业生涯，大部分时间都是联盟第一控卫的首选。他稳定、扎实、带队下线极高，一度排在MVP评选的第二位。在纳什淡出之后、库里爆发之前，他是联盟当之无愧的第一控卫，但罗斯曾经对他的位置产生过巨大的威胁。

2011年罗斯当选了MVP，成为NBA历史上最年轻的MVP。这个NBA联盟中最顶尖的个人荣誉，保罗从未曾染指，年轻的罗斯迅速做到了。从绝对的高度上来说，彼时的罗斯已经超越了保罗，他的上限备受期待。

然而无情的伤病摧毁了罗斯前进的脚步，相较于罗斯惊鸿一瞥后的低估，保罗的生涯一直比较稳定。他长时间保持较高的出勤率，他的球队一直都是西部顶尖的存在，他在休斯敦火箭队打破了西决的魔咒。

如果罗斯能够保持健康，如果他不在对阵76人队的比赛中遭遇重伤，如果他的生涯能按照理想的轨迹发展，罗斯和保罗的第一控卫之争，后者恐怕很难压制玫瑰。

罗斯跳起封盖韦德的投篮。

德韦恩·韦德

——伤病打不倒的勇者 闪电侠比罗斯更幸运

德韦恩·韦德与罗斯的生涯交集，主要是前者的热火队三巨头时期，曾在季后赛中淘汰了罗斯率领的公牛队。除了那次季后赛的交锋，韦德处于碾压之势之外，双方在常规赛的交手战绩非常接近。

韦德和罗斯常规赛总计交手了26次，韦德取得了15胜11负的战绩，略微处在上风。场均得分层面，韦德也以场均22.8分略高于场均18.1分的罗斯。

这两人曾经无数次被放在一起比较，无他，他们的早期生涯轨迹太过相似了——罗斯状元出身，加冕最年轻的MVP，个人荣誉层面一度笑傲联盟；韦德早早成为热火队核心，三年级率队拿到总冠军并加冕FMVP，集体荣誉方面无出其右。直至三巨头时期韦德与詹姆斯携手，成功阻击了罗斯，关键战中韦德送给罗斯的大帽，更是成为决定比赛走势的因素。

年少成名之后，韦德和罗斯都遭遇了相似的困境——那便是伤病。相较于罗斯，韦德无疑更加幸运，尽管膝伤严重但未到严重影响生涯的地步，同时他联手奥尼尔和詹姆斯，都实现了总冠军的梦想。反观罗斯，同样是身体劲爆的后卫，伤病给他的璀璨要远大于韦德，他的生涯高度也因此受到了巨大的影响。

罗斯面对詹姆斯的防守完成上篮。

勒布朗·詹姆斯

——三度阻击罗斯 玫瑰生涯苦主

将勒布朗·詹姆斯定义为罗斯生涯的“苦主”毫不为过，在罗斯最为巅峰的岁月里，詹姆斯同样主宰着东部。纵观罗斯的公牛队生涯，曾经三次与詹姆斯的球队在季后赛中狭路相逢，最终的结果都是以失败而告终。

三次季后赛交手，罗斯总共赢了詹姆斯4场球，尽管这其中包含了荡气回肠的三分绝杀胜利，但绝对的劣势不可忽略。

不过虽然在球队的竞争中输给了詹姆斯，但罗斯在个人荣誉层面，赢下了与詹姆斯的“关键一战”。后者生涯最为耀眼的个人荣誉，即5年4次夺得MVP的传奇经历，唯一一次未能如愿登顶，便是拜罗斯所赐。罗斯在2011年横空出世创NBA历史，加冕最年轻的MVP，也终结了詹姆斯在这个奖项上的统治。

受伤的罗斯被队医搀扶离场。

无情伤病

——世界以痛吻玫瑰 他书写励志传奇

回溯罗斯充满遗憾的职业生涯，伤病是绕不开的话题。从对阵76人队的系列赛膝盖重伤为始，他的生涯就开始与伤病，尤其与毁天灭地的重大伤病做伴。

在如果的世界里，罗斯的生涯是美好的。如果罗斯没有受伤，这位最年轻MVP的上限不可估量。他有望率领公牛队在东部掀翻詹姆斯的统治，他有望实现个人荣誉的丰收。毕竟当他拿到NBA联盟至高无上的个人荣誉时，他是那么年轻，白马银枪意气风发。

然而这所有的一切不过是在如果的世界里而已，重大的伤病让罗斯再也回不去生涯的巅峰，几经辗转开始流浪，昔日的MVP早已成为众星云集联盟中的配角。

然而罗斯的传奇就在于，他承受住了这一切。从天之骄子到无人问津，从人生巅峰到生涯低谷，这些足以摧毁心理防线的重大变故，却并没有打倒罗斯。一次次地受伤一次次地站起来，一次次地被遗忘一次次地重回聚光灯下。这世上或许再无MVP赛季的罗斯，但那个MVP罗斯却一直都在。

聚义厅

生涯五大拍档

罗斯的NBA生涯饱经风霜，被伤病摧残得七零八落，但这位昔日MVP却足够勇敢，不断挑战命运。他的生涯始于璀璨的芝加哥，随后前往纽约城、克利夫兰、明尼苏达、底特律，在这些球队中，罗斯遇到了一些与之并肩作战的搭档。

纵观他的生涯，最大的遗憾莫过于巅峰期太过短暂，未能联手超级巨星冲击总冠军。短暂的搭档勒布朗·詹姆斯、卡梅罗·安东尼时，他自己巅峰已过。

罗斯和诺阿在比赛中击掌。

乔金·诺阿

——公牛队内线守护神

2007年乔金·诺阿便加盟公牛队，彼时他作为一名乐透秀，逐渐成为球队的重要轮换。随着罗斯的加盟，这两位年龄相仿的内外组合，逐渐扛起了公牛队全队。

2010-2011赛季，即公牛队取得后乔丹时代最佳战绩的赛季，他入选了最佳防守第二阵容，随后他更是不断进步，成为联盟顶级的内线。2012-2013赛季、2013-2014赛季，他连续入选最佳防守阵容一阵，同时他还在2013-2014赛季当选最佳防守球员。

彼时公牛队逐渐成为东部的顶级强队，与罗斯的强势崛起有很大的关系，但诺阿的持续进步同样是不可忽视的因素。这位内线从籍籍无名成长为公牛队的内线守护神，携手罗斯一次次地缔造队史后乔丹时代的纪录，他无数次用自己的激情点燃芝加哥联合中心，也成为罗斯生涯巅峰阶段最强悍的搭档。两人也一同在2016年被交易至尼克斯队，在纽约继续并肩作战。

罗斯和詹姆斯曾经短暂联手。

勒布朗·詹姆斯

——混乱之中遗憾告别

作为罗斯的昔日死敌，詹姆斯曾经数次在季后赛中阻击罗斯和他的公牛队。2017-2018赛季他们却意外地联手了，彼时的罗斯加盟了骑士队。

可惜的是，那支骑士队充斥着混乱，尽管他们最终杀入了总决赛，但其中历经的波折不可想象。赛季中期，罗斯离开了球队、小托马斯与球队爆出内讧，韦德被骑士队送走。罗斯仅仅在骑士队出战了16场比赛，与詹姆斯的状元组合也如同白驹过隙。

实际上那个赛季可以说是罗斯生涯最大的遗憾之一了——若是没有场外因素的干扰，他极有可能在骑士队迎来自己生涯的第一次总决赛之旅。

吉米·巴特勒

——两度联手贯穿生涯

吉米·巴特勒与罗斯，可谓命运交织在一起的两个人。初到芝加哥的巴特勒，不过是一名首轮末段、天赋有限的球员。罗斯巅峰之时，他也不过是公牛队培养的一名蓝领新星。

然而凭借超乎常人的努力，巴特勒不断提升，从籍籍无名的小辈，成为公牛队的顶梁柱。甚至罗斯最终离开公牛队，也与他的迅速成长有很大的关系。后罗斯时代，公牛队迎来的新领袖便是巴特勒。

然而巴特勒并没有在芝加哥取得想要的成绩、薪水、地位等等，最终他被送到了明尼苏达，罗斯随后也加盟了森林狼队，两人再度联手，还曾携手征战季后赛。

从风城到明城，两人的境遇却发生了翻天覆地的变化。罗斯从天之骄子成为流浪汉，巴特勒从球队小将变成了狼队领袖。命运就这样无情地反转，贯穿罗斯生涯的这个队友，也在诉说着他经历了多少的波澜与挫折。

洛尔·邓

——见证玫瑰巅峰

洛尔·邓可谓公牛队的“老臣”，2004-2005赛季他便开始为这支球队效力，作为2004年的7号秀，邓一直保持着场均两位数的稳定输出。

当罗斯来到这支球队之后，洛尔·邓可谓见证他的成长，直至他迈向巅峰。与此同时，他也在罗斯的带动之下不断提升和进步，成为公牛队的中流砥柱。

2010-2011赛季，洛尔·邓场均贡献17.4分，打出了生涯最佳赛季之一。在那个公牛队成为联盟最顶级球队的赛季里，除了MVP罗斯的贡献，洛尔·邓、诺阿的进步、稳定同样是功不可没。

卡梅罗·安东尼

——短暂联手大业未成

2016年休赛期，罗斯被交易到尼克斯队联手安东尼，纽约人期盼已久的巨星与巨星的联手，却未能换回想要的结果。彼时的罗斯巅峰已过，安东尼的境遇相似，两人并未能帮助尼克斯队摆脱鱼腩的角色。

那个赛季，安东尼、罗斯以及年轻的波尔津吉斯，成为球队的领军人物，罗斯场均还能贡献18.0分，安东尼也有22.4分入账。但可惜的是，这样的组合并不足以支撑他们取得好成绩。星光熠熠备受期待的组合，最终仅取得了31胜51负的战绩，排名东部倒数第四，略显尴尬。

这个赛季之后，罗斯便与安东尼分道扬镳，两名生涯巅峰之后都有些郁郁不得志的球星，并未能形成让人期待的化学反应。

师生情

与锡伯杜的情谊

汤姆·锡伯杜和德里克·罗斯的名字，总是被人联系在一起——罗斯巅峰的赛季，正是锡伯杜执掌公牛队之时。彼时师徒二人风光一时无两，菜鸟主帅锡伯杜成为联盟最佳教练，率领公牛队打出后乔丹时代的最佳战绩；潜力新人罗斯一跃成为联盟超巨，击败霍华德和詹姆斯，成为最年轻的MVP。

然而风光之后的落寞同样让人心疼，锡伯杜对于球员近乎偏执的要求，对于主力球员近乎疯狂的使用，也被视作罗斯重伤的最重要原因。没有锡伯杜，也许就没有最年轻的MVP。没有锡伯杜，也有可能就没有迅速陨落的MVP。两人之间剪不断理还乱的关系，贯穿了罗斯的生涯。有些巧合的是，罗斯重伤之后的又一个巅峰同样来自锡伯杜——在那个颠沛流离的赛季里，森林狼队成为罗斯的归宿，彼时他们的主帅正是锡伯杜。

作为曾经的火箭队助教，锡伯杜因为指导姚明而被中国球迷熟知。2010-2011赛季，锡伯杜第一次成为NBA主帅，彼时他接手了公牛队。这位以防守见长的主帅，迅速打造了一支铁军，让昔日东部第八的公牛队，杀到了东部第一。

正是得益于后乔丹时代的首个60胜，锡伯杜和罗斯在个人荣誉层面可谓收获得盆满钵满。罗斯入选了一阵和全明星，并成为最年轻的MVP，锡伯杜则是成为当赛季的最佳主帅。这对组合看上去无限美好，但危机同样存在。

锡伯杜和杰夫·范甘迪曾经在火箭队搭档，后者作为主帅就是以防守著称。他对于球员的使用非常固执，主力球员会长时间地留在场上。他对于防守的要求几乎偏执，训练中的跑位精细到场上需要贴满胶布来明确位置。锡伯杜的风格，与范甘迪极其相似。

彼时的公牛队之所以能成为防守铁军，就来源于艰苦的训练、严格的体系以及主力球员长时间的上场，即便是在垃圾时间，锡伯杜的要求同样不会放松。罗斯也正是在这样的要求之下，遭遇重伤。

很难说锡伯杜的铁腕治军，就是罗斯重伤的原因，但两者之间的联系不言自明。罗斯在锡伯杜成熟的体系之下完成蜕变，从球星迈向了联盟顶级超级巨星的行列。然而他的伤病同样集中在这个阶段，连续的重伤让他的巅峰好似流星短暂却又灿烂。

实际上，罗斯第一次重伤之后经历了漫长的恢复还是回来了，彼时他在锡伯杜手下还是打出了一些回升的表现。可惜的是公牛队换帅之后，新帅霍伊博格逐渐将自己的信任转移给了巴特勒，也促成了罗斯的离开。

罗斯和锡伯杜的缘分也没有止于公牛队，两人又在森林狼队重聚，罗斯打出生涯巅峰之战、拿到50分感天动地的夜晚，坐在替补席的就是他的恩师锡伯杜。彼时锡伯杜也动情地表示：“他（罗斯）经历了很多逆境，他也许是我见过心理上最坚强的人。他特别有远见，他知道每个地方会发生什么，他也知道是谁在努力，清楚谁在说着什么，我一直都想相信他。”

罗斯对此回应道：“听到他说这些，这意味着很多。就是这样一个相同的人，在我第三年拿到常规赛MVP的时候，他都没有赞赏我。我会珍惜这样的时

罗斯当选常规赛 MVP 的赛季，锡伯杜也被评选为最佳教练。

刻，因为我知道他是什么样的人。”

罗斯的这番回应，足以见得锡伯杜的严格。正是这样铁腕治军的作风，才打造出了那支巅峰的公牛队，巅峰罗斯也应运而生。尽管罗斯频繁的伤病让锡伯杜饱受质疑，但纵观罗斯的生涯以及两次与锡伯杜联手的表现，这位主帅对于罗斯的帮助和提升不言而喻。